AF533043

NINI
BUTTER
TONY AWARD
VANILLA
AWARD CERTIFICATE

# DAS MUSICAL-KOCHBUCH

**BÜHNE FREI FÜR SCHLEMMEREI!**

# DAS MUSICAL-KOCHBUCH

## BÜHNE FREI FÜR SCHLEMMEREI!

**TARA THEOHARIS**

Fotos von Ted Thomas

Illustrationen von Neryl Walker

# PROGRAMM

# EINIGE WORTE DER REGISSEURIN

Eine tolle Mahlzeit ist wie eine großartige Show: Anschließend ist man zufrieden, inspiriert und denkt noch tagelang freudig daran zurück. Kein Wunder, schließlich erfordern diese beiden Erfahrungen mehr oder minder dieselben Zutaten: einen »Schöpfer«, eine Anleitung und den Wunsch, zur Begeisterung anderer Höchstleistungen zu vollbringen. Wenn Sie Essen und Theater lieben, haben Sie Glück, denn dieses Buch ist Ihre Eintrittskarte zum Kreieren köstlicher Speisen und Getränke, inspiriert von einigen der ikonischsten und beliebtesten Musicals aller Zeiten. Ganz gleich, ob Sie eine erfahrene Köchin/ein erfahrener Koch sind oder noch nie einen Herd bedient haben, wir haben etwas Aufregendes für Sie parat! Dabei kann es sich um ein Gericht handeln, das geradewegs aus einer Show stammt, wie z. B. Laureys preisgekrönte Tarts (S. 88), aber auch um etwas, das eher von der Idee her auf einem bekannten Lied basiert, z. B. die Engelsgleiche Erdbeerschnitte (S. 98). Für was davon Sie sich auch entscheiden, so lange Sie die Anweisungen befolgen, Ihren Einsatz nicht verpassen und es mit dem Käse nicht übertreiben, sind Ihnen stehende Ovationen sicher!

Falls Sie neu auf der Bühne sind und am Premierenabend ein bisschen von Lampenfieber gequält werden, machen Sie doch ein paar Aufwärmübungen, indem Sie sich das Kapitel »Vor der Show: Begriffserklärungen und Kochtechniken« (S. 8) ansehen. Hier finden Sie hilfreiche Koch- und Zubereitungsmethoden sowie Erklärungen einiger Begriffe und Zutaten, auf die Sie in diesem Buch immer wieder stoßen.

Die Rezepte sind gemäß ihrem jeweiligen Platz im Programm angeordnet und dann wiederum jeweils grob nach dem Jahr, an dem sie am Broadway uraufgeführt wurden. Gehen Sie geradewegs zu Ihrer Lieblingsshow oder blättern Sie einfach durch die folgenden Seiten, falls Ihnen der Sinn danach steht, etwas Neues zu entdecken. Echte Entertainer indes sollten sich auf keinen Fall unser »Partyzeit!«-Kapitel (S. 119) entgehen lassen; hier finden Sie amüsante Vorschläge für Deko, Aktivitäten und Menüs für drei thematisch verschiedene Broadway-Partys (selbstredend mit den hier vorgestellten Gerichten).

Genau wie ein gutes Skript oder Drehbuch bieten diese Rezepte Ihnen Gelegenheit, Ihre eigene Kreativität auszuleben. Sobald Sie sich damit vertraut gemacht haben, können Sie sie gern Ihren eigenen Vorlieben und Fähigkeiten anpassen. Scheuen Sie sich nicht, die verwendete Sorte Fleisch oder Gemüse durch eine andere zu ersetzen. Geben Sie Ihre Lieblingsgewürze hinzu. Tauschen Sie Zutaten aus, um bei Bedarf auf Milch, Gluten oder Alkohol zu verzichten. Gut möglich, dass Ihr Revival dann sogar noch mehr Applaus erntet als das Original!

Abschließend möchte ich Ihnen gern meinen Dank dafür aussprechen, dass Sie sich für dieses Buch entschieden haben. Denn dieses Projekt war für mich eine Herzensangelegenheit, und ich bin stolz und froh, dass dieser lang gehegte Traum nun tatsächlich in Erfüllung gegangen ist. Dass es dort draußen noch andere gibt, die Musicals, Kochen und alberne Wortspiele genauso sehr lieben wie ich, erinnert mich daran, wie großartig unsere Theater-Community ist und welches Glück ich habe, ein Teil davon zu sein.

Und jetzt Hals- und Beinbruch. Das Publikum wartet. Und nicht vergessen: Egal, was passiert – lassen Sie nichts anbrennen!

# Vor der Show: Begriffserklärungen und Kochtechniken

*Sie brauchen keine professionelle Ausbildung – das nötige Talent haben Sie bereits!*

Jeder kann kochen. Wirklich! Aber bevor Sie jetzt den Kühlschrank aufreißen oder den Herd anstellen, nehmen Sie sich einen Augenblick Zeit, lesen Sie das Rezept, das Sie zubereiten möchten, gründlich durch, und schlagen Sie alles nach, das Sie nicht wissen. Wenn Sie ein Rezept das erste Mal durchgehen, dauert es vielleicht ein bisschen länger, aber lassen Sie sich davon nicht entmutigen: Sie wissen im Handumdrehen, wie alles läuft, und schon stehen Sie im Rampenlicht!

## DAS SKRIPT LESEN

Sie müssen sich nicht sklavisch an dieses Buch halten, doch es empfiehlt sich, das Rezept zu lesen und die Arrangements zu kennen, bevor Sie mit dem Kochen beginnen. Schließlich liefert niemand schon bei der Leseprobe seine beste Darbietung ab!

## ALLE AUF IHRE PLÄTZE!

Bevor man auf die Bühne geht, bereitet man die Requisiten und Kostüme vor, und genauso läuft es auch in der Küche. Haben Sie den französischen Ausdruck *Mise en Place* schon mal gehört? Das bedeutet so viel wie »Bereitstellen« und bezeichnet die Vorbereitung aller Zutaten und das Bereitlegen aller Küchenutensilien, bevor man mit dem Kochen anfängt – und lassen Sie sich´s gesagt sein: Das *Mise en Place* ist ein maßgeblicher Bestandteil des Erfolgs jedes Starkochs! Indem Sie alles, was Sie später brauchen, schon mal aus der Vorratskammer und dem Kühlschrank holen, dafür sorgen, dass Sie alle richtigen Töpfe und Backbleche parat haben, und Ihre Zutaten im Voraus schnippeln, vermeiden Sie es, irgendwas zu vergessen oder spontan etwas ändern zu müssen, während die Suppe schon köchelt. Und das will nun wirklich niemand.

# HANDWERKSZEUG

*Diese Werkzeuge und Techniken werden Ihnen helfen, Abend für Abend eine Bestleistung abzuliefern!*

## KRÜMEL-UMMANTELUNG

Eine Torte zu glasieren ist wie einen Hintergrund zu malen. Man braucht dafür eine »Grundierung« – etwas, woraus man eine glatte Oberfläche für die Glasur machen kann. Hier kommt die Krümel-Ummantelung ins Spiel. Hierbei handelt es sich um eine dünne Schicht Glasur, die man gleichmäßig auf dem Kuchen verstreicht, bevor man ihn vollständig glasiert. So »bindet« man Krümel, die andernfalls in der Glasur landen würden, und erschafft eine makellose Leinwand für Ihr Glasurmeisterwerk.

## BUTTER EINARBEITEN

Wenn Sie aufgefordert werden, Butter in Mehl einzuarbeiten, bedeutet das, dass Sie kleine Stücke kalter Butter in die Mehlmischung geben und diese Butter dann mit einem Teigmischer oder Ihren Händen so lange mit dem Mehl vermischen sollen, bis das Ganze eine gleichmäßige, relativ grobe Konsistenz besitzt. Sollten Sie hierfür Ihre Hände verwenden, empfehle ich, das Mehl und die Butter zusammenzudrucken und die Butter zwischen Ihren Fingern zu reiben, um sie gründlich in das Mehl zu integrieren. Machen Sie dies so lange, bis eine trockene, krümelige Mixtur entsteht.

## WASSERBAD

Ein Wasserbad besteht aus zwei ineinandersteckenden Töpfen oder einem Kochtopf mit einer Metallschüssel darin. Der untere Topf sollte dabei einen Fingerbreit (ca. 3 cm) Wasser enthalten, das die Unterseite des oberen Topfs bzw. der Schüssel jedoch nicht berühren darf. Auf dem Herd sorgt der vom siedenden Wasser aufsteigende Dampf aus dem unteren Topf dann dafür, dass der Inhalt des oberen Behältnisses behutsam erwärmt wird. Verwenden Sie ein Wasserbad, um Schokolade und andere empfindliche Zutaten zu schmelzen, ohne riskieren zu müssen, dass Ihnen irgendetwas anbrennt.

## FLOATEN

Bei einigen Cocktail-Rezepten werden Sie aufgefordert, eine Zutat »floaten« (also quasi schweben) zu lassen. Das bedeutet, dass Sie die entsprechende Zutat langsam über die Rückseite eines Esslöffels ins Glas fließen lassen. Die »schwebende« Zutat sammelt sich so oben auf den Zutaten, die bereits im Glas sind, anstatt sich mit ihnen zu vermischen.

## EINFALTEN

Sollen Sie eine Zutat einfalten? Etwas einzufalten ist nichts anderes als eine Methode, um behutsam verschiedene Zutaten miteinander zu vermischen. Man gibt hierfür eine Sache zur anderen und hebt sie behutsam über die andere, so als würde man ein Omelett zubereiten. Falten Sie die Zutaten so lange ineinander, bis sie gründlich miteinander vermengt sind. Bei den folgenden Rezepten ist vor allem Einfalten erforderlich, wenn eine Zutat recht fragil ist oder zusätzliches Rühren das Endprodukt zäh werden ließe – was vor allem bei glutenhaltigen Speisen schnell passieren kann.

## OBSTTWISTS

Ein Obsttwist kann einen Cocktail wunderschön ergänzen. Und auch, wenn es auf den ersten Blick vielleicht nicht so scheint, sind solche Twists überraschend einfach zu machen: Schneiden Sie einen Streifen von einer Frucht ab. Schneiden Sie die Schale an einer Stelle durch und pellen oder schneiden Sie dann den gesamten Streifen Schale vom Fruchtfleisch. Drehen Sie die Schale behutsam zwischen Ihren Fingern, und *voilà!*

## FRITTIEREN

Es gibt keinen Grund, warum Frittieren Ihnen Angst machen sollte, zumal Sie hierfür keinerlei besondere Utensilien benötigen. Alles, was Sie brauchen, ist ein Schmortopf oder ein anderer großer, schwerer Kochtopf. Füllen Sie den Topf einige Fingerbreit hoch mit Rapsöl und erhitzen Sie das Öl abgedeckt bis auf die gewünschte Temperatur. Im Abschnitt »Thermometer« (S. 10) finden Sie weitere Informationen darüber, welches Thermometer hierfür am besten geeignet ist.

## GESTIFTELT

Wenn in einem Rezept steht, dass etwas gestiftelt werden soll (meistens Gemüse), heißt das, dass die entsprechende Zutat in lange, dünne, an Streichhölzer erinnernde Stifte geschnitten wird. Diese Stifte sind für gewöhnlich ca. 7–10 cm lang und 3 mm dünn. Gestifteltes Gemüse ist generell dicker und zielgerichteter verarbeitet als fein geschnittenes Gemüse.

## ZERSTOSSEN

Um Cocktailzutaten – häufig Kräuter, Früchte und Zucker – zu zerstoßen, drücken Sie sie fest auf dem Boden eines Shakers oder eines Glases und zermahlen Sie sie, damit sie ihr volles Aroma freisetzen. Verwenden Sie hierfür einen Stößel, ein günstiges Bar-Utensil, das Sie praktisch überall bekommen.

## SPRITZBEUTEL UND -TÜLLEN

Möchten Sie, dass Ihre Kuchen, Kekse und Cupcakes aussehen, als kämen sie geradewegs aus einer Bäckerei? Dann besorgen Sie sich Spritzbeutel und passende Tüllen! Spritztüllen gibt es in allen möglichen Größen und Formen, doch am Gebräuchlichsten sind die mit einer großen runden oder einer großen sternförmigen Öffnung. Um Ihren Kuchen zu glasieren, platzieren Sie die Tülle Ihrer Wahl in der Ecke eines Spritzbeutels. Schneiden Sie die Ecke des Beutels so weit auf, dass die Tülle nahtlos hineinpasst und aus dem Beutel ragt. Falten Sie als Nächstes die obere Ecke des Beutels auf, formen Sie einen kleinen Bund und füllen Sie Ihre Glasur oder Ihren Guss in den Beutel. Der Bund sorgt dafür, dass oben im Beutel genügend Platz bleibt, damit Sie ihn sicher halten können. Sobald der Beutel voll ist, drücken Sie die Glasur behutsam nach unten, in Richtung der Tülle, und drehen Sie die obere Öffnung zu, um zu verhindern, dass beim Drücken etwas herausquillt.

Sollten Sie gerade keinen Spritzbeutel zur Hand haben, tut´s übrigens auch ein einfacher, altmodischer Gefrierbeutel (am besten mit Verschluss). Füllen Sie Ihre Glasur einfach in den Beutel und schneiden Sie eine Ecke ab.

## EIER TRENNEN

Um das Eigelb vom Eiweiß zu trennen, schlagen Sie das Ei in der Mitte auf und brechen Sie es über einer Schüssel vorsichtig auseinander. Lassen Sie das Eigelb behutsam von einer Schalenhälfte in die andere wandern, hin und her, hin und her, während Sie das Eiweiß in die Schüssel fließen lassen.

## FEIN GESCHNITTEN

Hierbei schneidet man Zutaten in dünne Stücke oder Streifen, die nicht zwangsläufig alle gleich groß sein müssen. Viele Supermärkte bieten bereits fertig geschnittenes Gemüse an, doch es ist absolut kein Problem, das selbst zu machen. Verwenden Sie für Blattgemüse wie Kopfsalat oder Kohl ein Messer, um das Gemüse in dünne Streifen zu schneiden. Wenn Sie Karotten und andere »Hartgemüse« verarbeiten, schälen Sie das Gemüse und schneiden Sie es dann mit der größten Einstellung einer Küchenreibe. Bei Hühnchen und anderen Fleischsorten kochen Sie das Fleisch zunächst gar und möglichst zart (normalerweise in Flüssigkeit). Lassen Sie es abkühlen und zupfen Sie es dann mit zwei Gabeln auseinander.

## AUSTERN ÖFFNEN

Austern zu öffnen kann für Ungeübte beim ersten Mal einschüchternd wirken, aber sobald man es ein paarmal gemacht hat, ist das ganze ein Kinderspiel. Halten Sie die Auster mit einem Geschirrtuch so fest, dass die flache Seite der Muschel nach oben zeigt. Suchen Sie die Naht und schieben Sie behutsam die Spitze eines Austern- oder Brotmessers hinein. Bewegen Sie die Klinge vorsichtig hin und her, um tiefer hineinzugelangen und schließlich den Muskel zu durchtrennen, der die Muschel zusammenhält. Daraufhin lässt sich die Auster sehr leicht öffnen. Schieben Sie die Klinge dann vorsichtig unter die Auster, um das Fleisch von der Muschel zu lösen, und passen Sie auf, dabei nichts vom »Austernwasser« zu verschütten!

## STANDRÜHRGERÄT

Ein Standrührgerät ist der beste Freund jeder Köchin und jedes Kochs. Ganz im Ernst! Besonders beim Brotbacken und beim Backen generell ist ein Standrührgerät so etwas wie Ihr persönlicher Souschef. Achten Sie darauf, dass Ihr Gerät über den üblichen Mixer-Aufsatz, über einen Quirl und über einen Brothaken verfügt.

## THERMOMETER

Beim Frittieren, beim Zubereiten von Süßigkeiten und beim Braten von Fleisch ist ein Thermometer von großem Nutzen. Eins griffbereit zu haben, bedeutet, dass Sie nicht Gefahr laufen, das Rezept zu vermasseln – oder riskieren, dass irgendjemand krank wird. Fleischthermometer eignen sich hervorragend für Fleisch, während Haushaltsthermometer für Süßes und zum Frittieren verwendet werden sollten. Und falls es ein bisschen gediegener sein darf, probieren Sie´s doch mal mit einem Infrarotthermometer, das Ihnen die Temperatur anzeigt, einfach indem Sie den Lichtpunkt auf ein beliebiges Objekt richten. Solche Thermometer können Sie für alles benutzen, zumal sie nicht viel teurer sind als die anderen Varianten.

## ZESTE

Gemeinhin gewinnt man die Zeste einer Zitrusfrucht dadurch, dass man die Fruchtschale mit einer Zestenreibe abhobelt, um dünne, kleine Flocken der Schale zu erhalten. Ist für ein Rezept also z. B. ein Esslöffel Zeste nötig, dann ist für gewöhnlich dies damit gemeint. Allerdings bezieht sich der Begriff »Zeste« auch auf größere, intakte Stücke Zitrusschale (den bunten Teil davon), die jedem Gericht und Getränk jede Menge Geschmack verleihen.

# ERFOLGSZUTATEN

*Ratschläge eines erfahrenen Darstellers bezüglich einiger Zutaten, die in diesen Rezepten relativ häufig vorkommen.*

## BUTTER

Achten Sie darauf, ob für ein Gericht gesalzene oder ungesalzene Butter verlangt wird. Für die meisten Kochrezepte ist gesalzene Butter erforderlich, während man beim Backen fast immer ungesalzene Butter nimmt und das Salz dann separat dazugibt, damit der Bäcker mehr Kontrolle über die verwendete Salzmenge hat.

## MEHL

Bei der Zubereitung der meisten Rezepte in diesem Buch verwenden wir Allzweckmehl, mit einigen wenigen Ausnahmen, bei denen stattdessen Brotmehl, Roggenmehl oder Maismehl nötig sind. Falls Sie eine bevorzugte Mehlalternative haben, können Sie diese gern benutzen; achten Sie nur darauf, dass das Mengenverhältnis stimmt.

## LEBENSMITTELFARBE

Für Backwaren und Glasuren eignet sich Gellebensmittelfarbe am besten. Die Farben sind meistens sehr kräftig und diese Farbgels enthalten keine Flüssigkeit, die Ihr Endprodukt verwässern könnte. Bei Getränken hingegen sollten Sie flüssige Lebensmittelfarbe verwenden.

## GLITZERPULVER

Glitzerpulver ist eine sehr feine, schimmernde Zutat für das Verzieren von Kuchen und Keksen. Sie finden Glitzerpulver in den meisten Back- und Haushaltswarengeschäften und natürlich auch online. Mischen Sie eine kleine Menge hiervon in Drinks oder bestreichen Sie damit die Oberseiten von Keksen und Süßigkeiten, um Ihrem Werk noch ein bisschen mehr Zauber und Flair zu verschaffen. Ihre Freunde werden überrascht und begeistert sein!

## SALZ

Diese Rezepte wurden mit Salz im Hinterkopf geschrieben und ausprobiert. Salz eignet sich hervorragend zum Backen und Kochen. Falls möglich, verwenden Sie lieber Meersalz als Jodsalz – der Geschmack ist einfach feiner, eleganter. Außerdem sind Meersalzflocken größer, weshalb man leichter eine Prise davon nehmen kann, und beim Anrichten sieht es auch hübscher aus, besonders, wenn man Brot damit bestreut. Hin und wieder benötigen Sie außerdem Steinsalz; das sind größere Salzkörner, die weniger wegen ihres Geschmacks, sondern z. B. zu dem Zweck eingesetzt werden, um Austern zu arrangieren, Eis zu schmelzen usw. Diese Art von Salz ist gemeinhin nicht für den Verzehr gedacht.

## VANILLE

Besorgen Sie sich gute Vanille! Beschaffen Sie entweder ein wenig echtes Vanilleextrakt (vergessen Sie dieses ganze aromatisierte Zeug!) oder, falls es besonders gut werden soll, Vanillepaste. Alternativ können Sie Extrakt 1:1 durch Paste ersetzen. Paste eignet sich dann am besten, wenn Sie die Vanille richtig kräftig schmecken möchten oder das Gericht nicht backen.

1

# OUVERTÜRE

## APPETIZER

Sie haben erwartungsvoll Ihren Platz eingenommen. Sie hören, wie im Orchestergraben Instrumente gestimmt werden. Da wird mit einem Mal das Licht gedämpft und die Ouvertüre beginnt, um Ihren Sinnen den ersten Eindruck auf das Musical-Abenteuer zu gewähren, das Ihnen bevorsteht.

Auch diese Appetizer sind ein verlockender Vorgeschmack auf das, was Sie erwartet. Sie sollen Ihnen Appetit machen und Ihre Erwartungen auf den Rest der Mahlzeit schüren. Am besten ist es, sie so rechtzeitig zuzubereiten, dass Ihre Gäste sich daran gütlich tun können, während Sie dem Menü den letzten Schliff verleihen. Doch natürlich können diese Appetizer auch einfach so als Snack genossen werden.

Thank You
Enjoy

# Frühlingsrollen für Mr. Goldstone

## Inspiriert von *Gypsy* (1959)

Wenn unvermittelt ein Mann in dein Zuhause kommt und dir aus heiterem Himmel anbietet, deine Kinder zu Stars zu machen, bietest du ihm an, was immer da ist – und das könnte etwas wesentlich Schlechteres sein als eine Frühlingsrolle. Behalten Sie diesen Moment einfach in Erinnerung. Denken Sie daran zurück, wenn Ihre Kinder groß sind und Sie nicht mehr brauchen, oder wenn Sie kurz davor sind, durchzudrehen. Und dann? Dann machen Sie sich selbst eine Frühlingsrolle. Jetzt sind Sie an der Reihe!

2 Esslöffel Erdnussöl
400 g fein gehackter Kohl
2 fein gehackte mittelgroße Karotten
80 g fein gehackte Frühlingszwiebeln
25 g Bohnensprossen
1 Esslöffel fein gehackter Ingwer
2 Knoblauchzehen, fein gehackt
1 Teelöffel Zucker
Salz und Pfeffer, zum Abschmecken
120 ml Hühnerbrühe
500 g fein gezupfte Schweinshaxe
1 Esslöffel Sojasoße
1 Esslöffel Sesamöl
1 Ei
12 Blätter Frühlingsrollenteig
120 ml Rapsöl, zum Frittieren

### ERGIBT: 12 FRÜHLINGSROLLEN

1. Das Erdnussöl bei mittlerer bis großer Hitze in einem Wok oder einer großen Bratpfanne erwärmen.
2. Um die Füllung zuzubereiten, den Kohl, die Karotten, die Frühlingszwiebeln, die Bohnensprossen, den Ingwer und den Knoblauch hineingeben. 2 bis 3 Minuten anschwitzen. Den Zucker hinzufügen und mit Salz und Pfeffer würzen. Die Hühnerbrühe, das Schweinefleisch, die Sojasoße und das Sesamöl dazugeben und alles miteinander vermischen. Aufkochen, bis die Brühe warm ist (ca. 1 bis 2 Minuten).
3. Die Füllungsmischung zum Abtropfen in ein Kochsieb geben und abkühlen lassen.
4. Die Eierlasur vorbereiten: Ein Ei in eine kleine Schüssel schlagen und beiseitestellen.
5. Auf einer sauberen Oberfläche ein Blatt Frühlingsrollenteig so ausbreiten, dass eine Ecke zu Ihnen hinzeigt. Mit einem Löffel ca. 80 g Füllung in die Mitte der Frühlingsrolle häufen. Dann die Ecke, die Ihnen am nächsten ist, vorsichtig über die Füllung falten und zusammenrollen. Ist die Frühlingsrolle etwa zur Hälfte gerollt, die Seitenecken nach innen falten und zu Ende rollen. Etwas von der Eierlasur auf die letzte noch freie Ecke der Frühlingsrolle pinseln und fest verschließen. Auf ein Backblech oder einen großen Teller legen. Diesen Vorgang mit den übrigen Teigblättern wiederholen.
6. In Ihrem Wok oder einer großen Bratpfanne Rapsöl auf 180 °C erhitzen. Die Frühlingsrollen in kleinen Chargen ca. 3 bis 5 Minuten frittieren bzw. so lange, bis sie goldbraun sind; die Rollen dabei beständig wenden, um dafür zu sorgen, dass sie von allen Seiten gleichmäßig gebräunt werden.
7. Die gegarten Frühlingsrollen auf einen mit Küchenpapier ausgelegten Teller legen, bis Sie alle fertig frittiert haben.
8. Warm mit Entensoße, süßsaurer Soße, scharfem Senf oder Sojasoße servieren.

# Sämige Kabeljausuppe

Inspiriert von ***Carousel*** (1945)

Wenn der Juni dafür sorgt, dass alles in voller Blüte steht, wissen Sie, dass die Zeit gekommen ist, das alljährliche Fischessen vorzubereiten. Und kein Fischessen wäre vollkommen ohne eine gute, sämige Suppe, die einen über Wasser hält, bis der Hauptgang serviert wird. Also genießen Sie diese Suppe mit Kabeljau, Zwiebeln und Frühstücksspeck nach Neuengland-Art, die selbst einem Engelschor die Singstimme verschlüge!

120 g gepökeltes Schweinefleisch oder Frühstücksspeck

2 Esslöffel ungesalzene Butter

1 große Zwiebel, vertikal halbiert und in schmale Keile geschnitten

4 Rippen Sellerie, gehackt

¼ Teelöffel schwarzer Pfeffer sowie noch etwas mehr zum Abschmecken

½ Teelöffel Salz sowie noch etwas mehr zum Abschmecken

2 vorwiegend festkochende Kartoffeln, geschält und in 1,2 cm große Würfel geschnitten

500 ml Fischfond (alternativ Geflügelbrühe oder Muschelwasser)

1 Esslöffel frischer Thymian

1 Lorbeerblatt

750 g Kabeljau, ohne Haut, in 5 cm große Stücke geschnitten

200 g Schmand

Frische glatte Petersilie, gehackt, als Garnierung

Frischer Schnittlauch, fein gehackt, als Garnierung

## ERGIBT: 4 PORTIONEN

1. In einem großen Schmortopf oder einem großen, schweren Kochtopf bei mittlerer Hitze das Schweinefleisch bzw. den Frühstücksspeck anbraten, bis das Fleisch zwar braun, aber noch nicht vollends knusprig ist (ca. 8 Minuten). Den Speck bzw. das Fleisch auf einen mit Küchenpapier ausgelegten Teller geben, das Bratfett dabei im Topf lassen. Ist der Speck abgekühlt, grob zerbröseln; alternativ das Fleisch in kleine Stücke schneiden. Fürs Erste beiseitestellen.
2. Die Butter, die Zwiebel, den Sellerie, ¼ Teelöffel Pfeffer und ½ Teelöffel Salz in den Topf geben und anschwitzen, bis das Gemüse gar ist (ca. 5 Minuten).
3. Die Kartoffeln, die Brühe, den Thymian und das Lorbeerblatt dazugeben und zum Kochen bringen. Die Hitze reduzieren und 10 Minuten köcheln lassen bzw. bis die Kartoffeln gar sind.
4. Den Kabeljau hinzufügen und weitere 5 Minuten köcheln lassen bzw. so lange, bis der Fisch milchig ist. Die Sahne einrühren und nochmals 10 Minuten köcheln lassen bzw. so lange, bis die Suppe cremig ist und der Kabeljau langsam in kleinere Stückchen zerfällt.
5. Das Lorbeerblatt entfernen, mit Petersilie, Schnittlauch, Speck, Salz und Pfeffer bestreuen und warm servieren.

# Warten aufs Ei

## Inspiriert von ***1776*** (1969)

Erinnern Sie sich noch an diese Show über die amerikanischen Gründerväter? Die, die damals dafür gesorgt hat, dass sich die Kinder in den USA wieder für ihre eigene Historie interessiert haben? Nein, nicht *Hamilton* … Die Rede ist von 1776. Obwohl 1776 nicht so abwechslungsreich, bahnbrechend oder, na ja, *revolutionär* ist wie *Hamilton*, zeigt dieses Musical gekonnt die menschliche Seite der Berühmtheiten, die wir aus den Geschichtsbüchern kennen, und gewährt uns faszinierende Einblicke in die Entstehung der amerikanischen Unabhängigkeitserklärung.

In »Warten aufs Ei« streiten sich Ben Franklin, Thomas Jefferson und John Adams darüber, welches der offizielle Vogel Amerikas sein sollte, während sie über dem metaphorischen Ei brüten, das die neue Nation darstellt. Zu Ehren von Ben Franklins Wahl, die auf den Truthahn fiel, verwenden wir bei dieser traditionellen englischen Frühstücksspeise Truthahnbrust und Toaststreifen.

1 Ei
1 Esslöffel gesalzene Butter
2 Scheiben Weißbrot
Dijonsenf, zum Bestreichen
30 g weißer Cheddarkäse, gerieben
30 g Gruyère-Käse, gerieben
1 dünne Scheibe Truthahnbrust

#### ERGIBT: 1 PORTION

1. Einen kleinen Topf mit 10 cm Wasser füllen und bei großer Hitze zum Kochen bringen.
2. Die Temperatur auf mittlere bis große Hitze reduzieren, damit das Wasser weiter leicht siedet. Mit einem Schaumlöffel oder einer Schöpfkelle behutsam das intakte Ei in den Topf geben. 6 Minuten lang kochen.
3. Während das Ei kocht, die Toaststreifen zubereiten. Hierzu jede der beiden Brotscheiben von einer Seite mit Butter und von der anderen mit Dijonsenf bestreichen. Beide Scheiben bei mittlerer bis großer Hitze mit der Butterseite nach unten in eine große Pfanne geben. Den Cheddar und den Gruyère-Käse miteinander vermischen und die Hälfte des geriebenen Käses auf eine der Brotscheiben geben. Dann die Truthahnbrust darauf legen. Den restlichen Käse auf die Truthahnbrust sprenkeln und mit der Senfseite nach unten die andere Toastscheibe obendrauf platzieren. Das Sandwich mit einem Pfannenwender plattdrücken. Weiter unter regelmäßigem Wenden anbraten, bis beide Seiten goldbraun sind und der Käse geschmolzen ist (ca. 1-2 Minuten pro Seite). Das Sandwich schließlich in dünne Streifen schneiden.
4. Den Topf mit dem Ei vom Herd nehmen, sobald die Garzeit um ist, und kaltes Wasser darüber laufen lassen. Das Ei in einen Eierbecher oder ein Schnapsglas geben. Die Oberseite mit einem Löffel oder Messer knacken, die Schale hier entfernen und das Ei mit Salz und Pfeffer würzen. Die Toaststreifen in das flüssige Eigelb tauchen und genießen.

# Käse in Sicht

## Inspiriert von ***Annie*** (1977)

Während Miss Hannigan, ihr Bruder und »dieses blöde Hotel« ihre Intrigen schmieden, um weiter in angenehmen Verhältnissen zu leben, können Sie es sich mit diesem köstlichen Fondue mit »flüssigem Gold« gleichermaßen gutgehen lassen. Dieses Rezept ist nobel genug für Daddy Warbucks, jedoch so schnell und einfach zubereitet, dass Sie schon fertig sind, bevor Sie einmal »Schon morgen« singen können. Darauf können Sie Gift nehmen!

**FÜR DAS FONDUE**

500 g pikanter Cheddarkäse, gerieben
1 Esslöffel Speisestärke
¼ Teelöffel Senfmehl
1 Esslöffel Butter
2 Esslöffel gehackte Schalotte
2 Knoblauchzehen, fein gehackt
240 ml Sauvignon Blanc-Weißwein
⅛ Teelöffel gemahlene Muskatnuss

**ZUM DIPPEN**

Brot, in Würfel geschnitten
Äpfel, in dünnen Scheiben
Kleine Kartoffeln, angebraten
Brezeln
Bockwurst, in dicken Scheiben

ERGIBT: 4 PORTIONEN

1. Das Fondue zubereiten: In einer mittelgroßen Schüssel den Käse, die Speisestärke und den Senf miteinander vermischen und beiseitestellen.
2. In einem mittelgroßen Kochtopf bei mittlerer Hitze die Butter schmelzen. Die Schalotte und den Knoblauch dazugeben und 2 Minuten anschwitzen bzw. so lange, bis das Gemüse gar ist.
3. Mit dem Sauvignon Blanc-Weißwein ablöschen und zum Kochen bringen.
4. Die Hitze auf niedrig reduzieren und die Cheddar-Mischung hinzufügen. So lange umrühren, bis der Käse vollends geschmolzen ist und sich mit den anderen Zutaten verbunden hat (ca. 90 Sekunden).
5. Den Kochtopf auf einen großen Untersetzer stellen oder den Inhalt in einen Fondue-Topf gießen. Mit der gemahlenen Muskatnuss bestreuen.
6. Das Fondue ganz zwanglos zusammen mit den Sachen zum Dippen auf den Tisch stellen, also z. B. mit Brot, Äpfeln, Kartoffeln, Brezeln, Wurst und allem, was Sie sonst noch so für passend halten.

# Frittier nicht für mich, Argentinien

## Inspiriert von ***Evita*** (1979)

In *Evita* steigt Eva Perón in der Politik auf und versichert ihren Unterstützern in einer legendären, kraftvollen Ballade, die gern jede ambitionierte Diva im Showbusiness zum Besten geben würde, dass sie trotz allem noch immer eine von ihnen ist. Obwohl Eva ihre *Descamisados* so tatsächlich davon überzeugen konnte, dass sie nur ihr Bestes will, wäre ihr vermutlich noch mehr Erfolg beschieden gewesen, wenn sie einige dieser argentinischen Empanadas in die hungernde Menge geworfen hätte. Diese Leckerbissen sind warm, herzhaft und köstlich, ganz gleich, ob man sie frittiert oder nicht. Damit kann wirklich jeder etwas anfangen!

**FÜR DEN TEIG**

300 g Allzweckmehl
1 Teelöffel Salz
120 g kalte gesalzene Butter
180 ml Wasser

**FÜR DIE FÜLLUNG**

2 Esslöffel gesalzene Butter
1 weiße Zwiebel, fein gewürfelt
1 rote Paprika, fein gewürfelt
500 g mageres Hackfleisch
2 Esslöffel Paprikapulver
1 Esslöffel gemahlener Kreuzkümmel
1 Teelöffel Salz
½ Teelöffel Cayennepfeffer
½ Teelöffel schwarzer Pfeffer
30 g grüne Oliven, in dünnen Scheiben
2 hartgekochte Eier, gehackt
Rapsöl, zum Frittieren

ERGIBT: 12 EMPANADAS

1. Den Teig zubereiten: In einer großen Schüssel das Mehl und das Salz miteinander vermischen. Die Butter einarbeiten (S. 9) und gründlich mit einem Teigmischer oder Ihren Händen durchmischen. Immer 1 Esslöffel Wasser zurzeit hineingeben und zwischendurch immer wieder vermischen. Sobald der Teig komplett durchgemischt ist, zu einer Scheibe flachdrücken, mit Frischhaltefolie abdecken und in den Kühlschrank geben, während Sie das Fleisch vorbereiten, am besten jedoch für ca. 30 Minuten.
2. Die Füllung zubereiten: Bei mittlerer Hitze in einer großen Sauteuse die Butter schmelzen, dann die Zwiebel und die rote Paprika dazugeben. Scharf anschwitzen (ca. 3 bis 5 Minuten).
3. Das Hackfleisch, das Paprikapulver, den Kreuzkümmel, das Salz, den Cayennepfeffer und den schwarzen Pfeffer mit in die Sauteuse geben und unter häufigem Rühren schmoren, bis alles angebräunt ist (ca. 8 Minuten).
4. Die Hackfleischmischung etwas abkühlen lassen, dann die Oliven und die Eier unterheben.
5. Den Teig aus dem Kühlschrank nehmen und in 12 gleich große Stücke aufteilen. Jedes Stück zu einer golfballgroßen Kugel rollen, mit Ihrer Handfläche flachdrücken und dann mit einem Nudelholz jeweils zu einem Teigrund von 12 cm Durchmesser ausrollen
6. 2 gehäufte Esslöffel der Hackfleischmischung in die Mitte jedes Teigrunds geben und das Rund mittig umfalten. Die Ränder fest zusammendrücken, damit das Hackfleisch ringsum von Teig umschlossen ist.
7. Rapsöl ca. 10 cm hoch in einen großen, tiefen Topf gießen und zum Kochen bringen. Jeweils nur ein paar Empanadas zurzeit in das heiße Öl geben und 5 Minuten frittieren; dabei einmal wenden. Auf ein Stück Küchenpapier geben, damit das überschüssige Öl abtropfen kann.

# Pflanzendünger

## Inspiriert von ***Der kleine Horrorladen*** (2003)

Der arme Seymour! Er will bloß, dass seine merkwürdige neue Pflanze gedeiht – doch er hätte nicht damit gerechnet, dass ihr liebster Dünger Menschenblut ist. Lassen Sie mit diesen fingerförmigen Käsesticks, die nur so vor »blutiger« Soße triefen, Ihre innere Audrey II raus. Ihre Gäste werden rufen: »Fütter uns!«

400 ml Marinarasoße
12 dünne Scheiben Mozzarellakäse
100 g Allzweckmehl
3 Eier
3 Esslöffel Vollmilch
320 g Panko-Paniermehl
1 Teelöffel Knoblauchpulver
1 Teelöffel getrocknete Petersilie
1 Teelöffel getrockneter Oregano
1 Teelöffel getrocknetes Basilikum
1 Teelöffel Salz
½ Teelöffel schwarzer Pfeffer
Rapsöl, zum Frittieren

ERGIBT: 12 MOZZARELLASTICKS

1. Die Marinarasoße in die Mulden von Eiswürfelformen oder in dicke Strohhalme füllen. Für 1 Stunde in den Gefrierschrank geben bzw. so lange, bis die Soße komplett gefroren ist.
2. Die Käsescheiben für ca. 10 Sekunden in der Mikrowelle erwärmen, um sie ein bisschen weicher zu machen.
3. Die Soße aus der Eiswürfelform nehmen oder aus den Strohhalmen drücken und jeweils mit einer Scheibe Käse umwickeln. Die Käsesticks dann mit der Naht nach unten wieder zurück in den Gefrierschrank geben, während Sie die Panierstraße vorbereiten.
4. Das Mehl auf einen großen Teller geben. In einer Schüssel die Eier und die Milch miteinander verquirlen. Auf einem anderen großen Teller die Semmelbrösel und die Gewürze vermischen.
5. Die Käsesticks aus dem Gefrierschrank nehmen. Jeweils einen Stick zurzeit erst in Mehl, dann in der Ei-Mischung und zuletzt in den Bröseln wälzen. Jeden der panierten Käsesticks dann noch einmal durchs Ei ziehen und ein weiteres Mal in den Semmelbröseln rollen.
6. Die Käsesticks für 30 Minuten in den Gefrierschrank geben.
7. Einen großen, schweren Topf zu einer Höhe von mindestens 5 cm Rapsöl füllen und bei mittlerer bis großer Hitze auf eine Temperatur zwischen 180 °C und 190 °C erwärmen.
8. Die panierten Käsesticks in das Öl geben (dabei darauf achten, dass es im Topf nicht zu voll wird) und unter gleichmäßigem Schwenken behutsam für 2 Minuten frittieren bzw. so lange, bis sie ringsum goldbraun sind.
9. Auf einem mit Küchenpapier ausgelegten Teller abtropfen und ein wenig abkühlen lassen.

# Salat, Salat, nichts als Salat

## Inspiriert von ***Into the Woods*** (1987)

Wir alle wissen, dass die Hexe ungern mit ihren Gebräuen rausrückt, doch wir wissen auch, dass es nach einer Weile langweilig wird, nichts als Salat und Grünzeug zu essen. Malen wir uns doch einfach eine Welt aus, in der sie bereit wäre, mit ihren Nachbarn zu teilen – sie rückt etwas von ihrem Salat raus, bekommt dafür von der Bäckerei Brot für ihre Croutons und Milky White, die Kuh, steuert Milch für frischen Käse bei. Und gemeinsam bereiten sie dann einen Salat zu, der so gut ist, dass er jeden Fluch besiegt!

**FÜR DIE BÄCKER-CROUTONS**

1 Laib Brot (einen Tag alt)

60 ml Olivenöl

1 Teelöffel Knoblauchsalz

1 Teelöffel Salz

½ Teelöffel schwarzer Pfeffer

**FÜR DEN SALAT**

60 g gehackter grüner Kopfsalat

100 g Brunnenkresse

100 g fein gehackter Kohl

100 g geschälter Spargel

1 grüne Paprika, in feine Streifen geschnitten

½ Salatgurke, vertikal halbiert und in dünnen Scheiben

80 g Kichererbsen

30 g Frühlingszwiebeln, in dünnen Scheiben

50 g zerbröselter Fetakäse

**FÜR DAS GRÜNE GÖTTIN-DRESSING**

1 Avocado

240 ml Wasser

55 g Frühlingszwiebeln, in Scheiben

30 g frisches Basilikum

15 g frische Petersilie

3 Esslöffel Apfelessig

2 Esslöffel Zitronensaft

2 Esslöffel gehackte Zwiebel

1 Knoblauchzehe, fein gehackt

¼ Teelöffel Salz

⅛ Teelöffel schwarzer Pfeffer

ERGIBT: 8 PORTIONEN

1. Die Bäcker-Croutons zubereiten: Den Backofen auf 205 °C vorheizen und das Brot in ca. 2 cm große Würfel schneiden. Das Brot, das Olivenöl und die Kräuter miteinander vermischen. Die Brotwürfel in einer einzelnen Schicht auf einem Backblech ausbreiten und 10 bis 15 Minuten backen; nach der Hälfte der Zeit einmal wenden.
2. Das Dressing zubereiten: Alle Zutaten für das Dressing in einen Standmixer oder eine Küchenmaschine geben und pürieren, bis das Ganze glatt und geschmeidig ist.
3. Den Salat zubereiten: Den Kopfsalat, die Brunnenkresse, den Kohl, den Spargel, die grüne Paprika, die Salatgurke, die Kichererbsen, die Frühlingszwiebeln und das Dressing durcheinanderwerfen, bis alles gleichmäßig mit dem Dressing überzogen ist.
4. Die einzelnen Portionen mit Croutons und zerbröseltem Fetakäse krönen.

# Alle lieben Bialy

## Inspiriert von ***The Producers*** (2001)

Um Geld für den ultimativen Broadway-Schwindel aufzutreiben, muss man eine Menge alte Damen bezirzen. Glücklicherweise lieben die Ladies Bialy. Diese Bialys sind ähnlich reizend und unwiderstehlich. Doch seien Sie gewarnt: Nach dem Genuss von einer dieser zwiebeligen Köstlichkeiten sollten Sie lieber mit Mundwasser gurgeln, bevor Sie sich mit Ihren Wohltätern (oder Wohltäterinnen) treffen!

### FÜR DEN TEIG

500 ml warmes Wasser

2¼ Teelöffel aktive Trockenhefe

2 Teelöffel Zucker

2¼ Teelöffel Salz

350 g Allzweckmehl sowie noch etwas mehr zum Bestäuben

175 g Brotmehl

### FÜR DEN BELAG

1 Esslöffel Olivenöl

40 g fein gehackte Zwiebel

1½ Teelöffel Mohnsaat

½ Teelöffel Salz

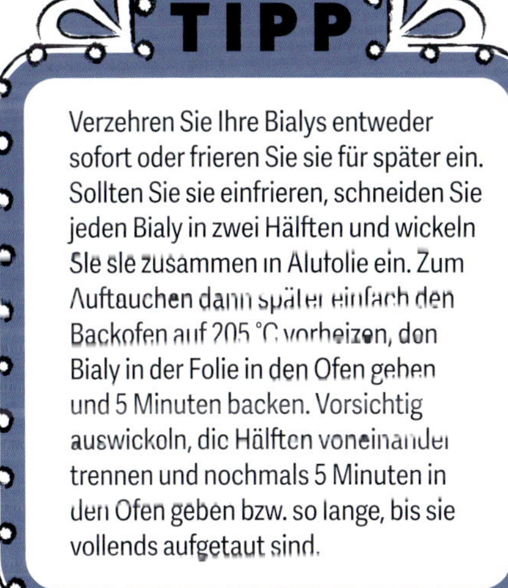


### ERGIBT: 8 BIALYS

1. Den Teig zubereiten: In einer großen Schüssel 120 ml warmes Wasser, die Hefe und den Zucker miteinander vermengen. 10 Minuten ruhen lassen bzw. so lange, bis die Mischung schäumt.
2. Das restliche Wasser, das Salz und beide Mehlsorten dazugeben. Entweder von Hand oder mit einem Rührgerät mit Teighaken ca. 8 Minuten lang kneten bzw. so lange, bis der Teig weich und geschmeidig ist. (Zu feucht? Dann geben Sie einen Esslöffel Mehl dazu. Zu trocken? Arbeiten Sie noch einen Esslöffel Wasser ein.)
3. Den Teig zu einer Kugel formen und in eine eingeölte Schüssel geben. Den Teig in der Schüssel herumrollen, bis er von allen Seiten eingefettet ist. Mit Frischhaltefolie abdecken und 1½ bis 2 Stunden gehen lassen bzw. so lange, bis der Teig doppelt so groß ist wie zuvor.
4. Den Teig auf ein mit Mehl bestreutes Schneidebrett geben. In 8 gleich große Stücke schneiden und jedes davon vorsichtig zu einem Rund von ca. 4 cm Dicke formen.
5. Backbleche mit Backpapier auslegen und mit Mehl bestäuben. Die Teigscheiben darauflegen, mit Frischhaltefolie abdecken und 1 Stunde aufgehen lassen.
6. Während der Teig aufgeht, den Zwiebelbelag vorbereiten: Hierzu in einer kleine Sauteuse bei mittlerer Hitze das Öl erwärmen und die Zwiebeln anschwitzen, bis sie durchsichtig und duftig sind (ca. 3 Minuten). In einer kleinen Schüssel die geschmorten Zwiebeln, die Mohnsaat und das Salz miteinander vermengen und beiseitestellen.
7. Den Backofen auf 220 °C vorheizen.
8. Mit Ihren Daumen eine breite, kreisrunde Vertiefung in die Mitte jeder Teigscheibe drücken, die jetzt aussehen sollten wie kleine Pizzas mit einer *Menge* Kruste.
9. Einen gehäuften Teelöffel der Zwiebelmischung in jede Vertiefung geben.
10. Ca. 6 bis 7 Minuten backen, dann das Backblech umdrehen und nochmals für 5 bis 6 Minuten in den Ofen geben. Die Bialys sollten leicht gebräunt, aber immer noch weich sein.
11. Aus dem Ofen nehmen und auf einem Kuchengitter abkühlen lassen.

# Total bedient

## Inspiriert von ***Frühlings Erwachen*** (2006)

Ja, Sie sind gerade echt so richtig bedient. Sie können sich von Ihren jämmerlichen Austern verabschieden. Ein Haufen hungriger, hormonell unausgeglichener Halbwüchsiger ist rübergekommen und hat alle verspeist, ohne Ihnen auch nur das Geringste übrigzulassen. Das Showbusiness kann echt gnadenlos sein!

Bereiten Sie beim nächsten Mal einfach die doppelte Menge dieses Rezepts zu, dann haben Sie jede Menge köstlicher, mit Käse überbackener, gebackener Austern in Halbschalen. Achten Sie nur darauf, die Austern vor der Zubereitung gründlich zu waschen. Bla, bla, bla, bla, bla.

12 frische Austern
Steinsalz, zum Backen
40 g fein geriebener Emmentaler
1 Esslöffel Semmelbrösel
2 Teelöffel gehackte Petersilie
½ Teelöffel Salz
½ Teelöffel schwarzer Pfeffer
½ Teelöffel Knoblauchpulver
1 Esslöffel gesalzene Butter

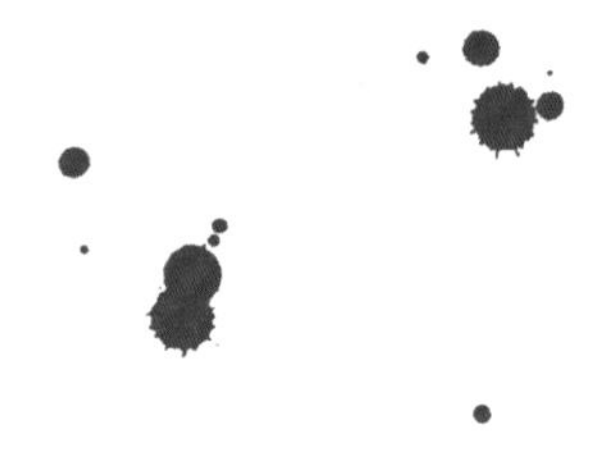

ERGIBT: 12 AUSTERN

1. Die Grillfunktion Ihres Backofens einschalten und ein Ofengitter 15 cm darunter platzieren.
2. Die Austern putzen, öffnen und jeweils in einer Muschelhälfte lassen.
3. Ein Backblech mit Steinsalz bestreuen und die Austernmuscheln so in dem Salz arrangieren, dass sie einen guten »Stand« haben.
4. Den Käse, die Semmelbrösel, die Petersilie, das Salz, den Pfeffer und das Knoblauchpulver in einer kleinen Schüssel miteinander vermischen. Die Mischung gleichmäßig über die Austern sprenkeln.
5. Die Butter in der Mikrowelle schmelzen und eine kleine Menge davon über jede Auster gießen.
6. Das Backblech in die oberste Ofenschiene schieben und 2 Minuten unter dem Grill lassen bzw. so lange, bis der Käse geschmolzen ist und die Brösel oben auf den Austern goldbraun sind.

2

# MELODIEN FÜR MILLIONEN

## BEILAGEN UND WÜRZSOSSEN

Es gibt keine kleinen Rollen, bloß kleine Teller. Auch wenn diese Beilagen bei einer mehrgängigen Mahlzeit vielleicht nicht im Rampenlicht stehen, sorgen sie dafür, dass die Stars besonders hell strahlen und das ganze Ensemble gut dasteht. Um den Preis für das »Beste Dinner« zu gewinnen, servieren Sie eins der folgenden Rezepte zusammen mit einem Hauptgang!

# Mississippi-Röllchen

Inspiriert von ***Show Boat*** (1927)

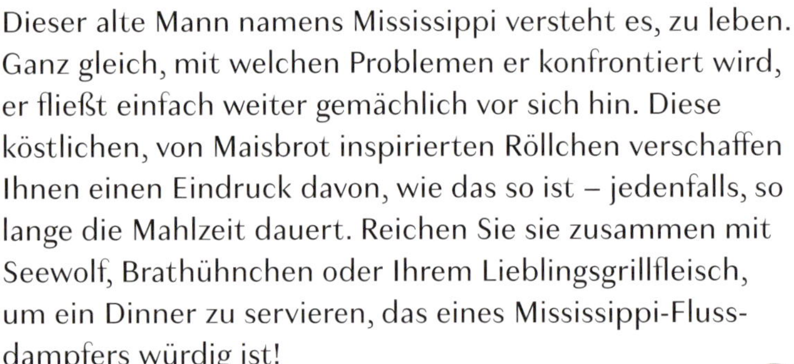

Dieser alte Mann namens Mississippi versteht es, zu leben. Ganz gleich, mit welchen Problemen er konfrontiert wird, er fließt einfach weiter gemächlich vor sich hin. Diese köstlichen, von Maisbrot inspirierten Röllchen verschaffen Ihnen einen Eindruck davon, wie das so ist – jedenfalls, so lange die Mahlzeit dauert. Reichen Sie sie zusammen mit Seewolf, Brathühnchen oder Ihrem Lieblingsgrillfleisch, um ein Dinner zu servieren, das eines Mississippi-Flussdampfers würdig ist!

- 2¼ Teelöffel aktive Trockenhefe
- 60 ml warmes Wasser
- 4 Esslöffel Honig
- 360 ml Vollmilch
- 2 Teelöffel Salz
- 120 g gesalzene Butter, in große Stücke geschnitten
- 50 g Maismehl sowie noch etwas mehr zum Bestreuen
- 3 Eier
- 350 bis 400 g Mehl
- 1 Esslöffel Wasser
- Honigbutter, zum Servieren

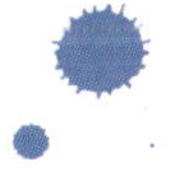

### ERGIBT: 24 RÖLLCHEN

1. Die Hefe, das warme Wasser und 2 Esslöffel Honig in die Schüssel Ihres Standmixers geben und durcharbeiten, um alles zu vermischen. 10 Minuten ruhen lassen bzw. so lange, bis das Ganze schaumig ist.
2. Die Milch, das Salz und die Butter in einen mittelgroßen Topf geben und bei mittlerer Hitze zum Köcheln bringen. Langsam das Maismehl einrühren und unter häufigem Rühren 2 Minuten köcheln lassen bzw. so lange, bis die Mischung merklich eingedickt ist. Zum Abkühlen beiseitestellen.
3. Die abgekühlte Maismehlmixtur, die restlichen 2 Esslöffel Honig und 2 Eier in die Hefemischung geben. Nach und nach (immer 50 g auf einmal) das Mehl hinzufügen und langsam mit dem Knethaken einarbeiten. Falls der Teig zu feucht ist, weitere 50 g Mehl dazugeben. 5 Minuten mit dem Teighaken kneten.
4. Den Teig in eine große, eingeölte Schüssel geben und darin herumrollen, bis er ringsum eingefettet ist. Die Schüssel dann mit Frischhaltefolie abdecken. 1 bis 2 Stunden ruhen lassen bzw. so lange, bis der Teig doppelt so groß ist wie zuvor.
5. Zwei Backbleche mit Backpapier auslegen und mit Maismehl bestreuen. Beiseitestellen.
6. Den aufgegangenen Teig niederschlagen und auf eine leicht mit Mehl bestreute Oberfläche geben. In 24 gleich große Stücke schneiden. Jedes Stück zu einer Kugel rollen und auf die Backbleche legen. Mit Frischhaltefolie abdecken und weitere 30 Minuten ruhen lassen.
7. Den Backofen auf 190 °C vorheizen. 1 Ei mit 1 Esslöffel Wasser aufschlagen, um die Eierlasur zu machen, und die Oberseite jedes Röllchens damit einpinseln. Die Röllchen jeweils mit etwas zusätzlichem Maismehl besprenkeln.
8. Die Röllchen ca. 15 bis 20 Minuten backen bzw. so lange, bis sie goldbraun sind. 5 Minuten abkühlen lassen, dann mit Honigbutter servieren.

# Verteufelt scharfe Soße

## Inspiriert von ***Kiss Me, Kate*** (1948)

Mal eine Frage an die Produktionsfirma von *Kiss Me, Kate*: Wenn es zu verteufelt heiß ist, um sich mit seiner Liebsten zu treffen, ist eine superschnelle, sechs Minuten lange Stepptanz-Nummer in der Mitte der Show dann wirklich so passend? Vermutlich ist es besser, nicht zu sehr darüber nachzugrübeln. Sparen Sie sich stattdessen lieber etwas Energie für die Zubereitung dieser Soße auf, mit der Sie jedem Gericht die nötige Schärfe verleihen können!

5 Poblano-Chilis
5 Serrano-Chilis
3 Jalapeño-Chilis
2 Habanero-Chilis
2 Esslöffel Pflanzenöl
4 Knoblauchzehen, fein gehackt
240 ml Weißweinessig
½ Esslöffel Salz

**ERGIBT: 350 BIS 500 ML SOSSE**

1. Die Spitzen der Chilis abschneiden und die Chilis in dicke Scheiben schneiden.
2. Das Öl, den Knoblauch und die Chilis in einen großen Topf geben. 2 Minuten anschwitzen bzw. so lange, bis die Chilis weich geworden sind, dann den Essig und das Salz hinzufügen.
3. Den Deckel auf den Topf setzen, das Ganze zum Kochen bringen, dann die Hitze reduzieren und 10 Minuten köcheln lassen.
4. Den Topf vom Herd nehmen und etwas abkühlen lassen. (Seien Sie vorsichtig, wenn Sie den Deckel vom Topf nehmen – der herausströmende Dampf lässt die Augen brennen!)
5. Die Mischung in einen Standmixer geben und so lange pürieren, bis sie flüssig ist.
6. Durch ein feinmaschiges Sieb seihen und in einer 500 ml-Flasche oder einem anderen Behältnis mit gleichem Fassungsvermögen lagern. Im Kühlschrank einige Monate lang haltbar.

**TIPP**

Seien Sie vorsichtig bei der Zubereitung dieses Gerichts! Verwenden Sie beim Schneiden der Chilis und beim Hantieren damit immer Gummihandschuhe und sorgen Sie dafür, dass der Kochbereich gut durchlüftet ist. Falls die Soße zu scharf für Sie sein sollte, lassen Sie die Habaneros weg und kratzen Sie etwas von den Samen aus den Chilis, bevor Sie sie sautieren.

# Professor Harold Dill

## Inspiriert von *The Music Man* (1957)

Freunde, dieses Rezept zuzubereiten, ist zugleich kinderleicht und extrem spektakulär! Genauso wie Professor Harold Hill etwas Besonderes aus den Jungs von River City gemacht hat, können Sie mit ein paar Gurken und etwas Zeit etwas ähnlich Großartiges erschaffen! Nach ein paar Tagen wird das Knacken, wenn Sie in diese Gewürzgurken beißen, so süß in Ihren Ohren klingen wie der von sechsundsiebzig Posaunen bei einer Parade.

5 große Einlegegurken
Eiswasser
7 Zweige frischer Dill
1 Teelöffel schwarze Pfefferkörner
4 Knoblauchzehen
1 Teelöffel Dillsamen
½ Teelöffel Koriandersamen
120 ml Weingeistessig
120 ml Wasser
1 Esslöffel Salz
1 Teelöffel Zucker

ERGIBT: 5 GEWÜRZGURKEN ODER 20 GEWÜRZGURKENSTICKS

1. Die Spitzen der Gurken abschneiden und in einer großen Schüssel vollständig mit Eiswasser bedecken. Abdecken und für 4 bis 5 Stunden in den Kühlschrank stellen. (Dies sorgt dafür, dass die Gurken später beim Einlegen schön knackig bleiben.)
2. Den Dill, die Pfefferkörner, die Koriander- und die Dillsamen in ein Einweckglas (ca. 600 ml) mit großer Öffnung geben. Die Gurken hinzufügen. (Sie können die Gurken im Ganzen lassen oder kleinschneiden, was immer Ihnen lieber ist.)
3. In einem kleinen Topf den Essig, das Wasser, das Salz und den Zucker zum Kochen bringen und 1 Minute kochen lassen bzw. so lange, bis sich das Salz und der Zucker vollständig aufgelöst haben.
4. Die heiße Lake in das Einweckglas gießen und fest verschließen. Bis auf Zimmertemperatur abkühlen lassen und dann in den Kühlschrank stellen.
5. Versiegelt mindestens für zwei Tage im Kühlschrank aufbewahren und erst danach kosten. Die Gewürzgurken sind gekühlt bis zu einem Monat haltbar – auch wenn wir bezweifeln, dass sie so lange unangetastet bleiben werden!

# Traditioneller Hefezopf

## Inspiriert von ***Anatevka*** (1964)

Ah, Traditionen. Traditionen sind eine wundervolle Sache – jedenfalls, so lange es um Hefezöpfe geht. Dieses köstliche, leicht süßliche Brot wird meist nur zu besonderen Anlässen wie zum Schabbat und ähnlichen Festen serviert, doch Sie können es zubereiten, wann immer Sie wollen. Wichtig ist nur, dass Sie die Rezeptanweisungen genau befolgen, denn das Backen eines Hefezopfs kann ebenso tückisch und anrührend sein wie ein Fiedler auf dem Dach. Gleichwohl, die Tradition wird Ihnen dabei helfen, Ihr Gleichgewicht zu wahren und Ihre Familie mit Stolz zu erfüllen. Und wenn Ihr Hefezopf gut genug ist, gelingt es Yente ja vielleicht sogar, jemanden für Sie zu finden, der zu Ihnen passt!

2¼ Teelöffel aktive Trockenhefe
1 Teelöffel Zucker
120 ml warmes Wasser
3 Eier
110 g Honig
60 ml Pflanzenöl
1½ Teelöffel Salz
450 g Brotmehl
1 Esslöffel Wasser
Sesamsaat, als Garnierung (optional)

**ERGIBT: 1 HEFEZOPF**

1. In einer großen Rührschüssel die Hefe, den Zucker und 120 ml warmes Wasser vermischen. 10 Minuten ruhen lassen, bis die Hefe langsam anfängt zu schäumen.
2. 2 Eier, den Honig, das Öl und das Salz dazugeben. Alles miteinander verquirlen.
3. Nach und nach (immer 50 g zurzeit) das Mehl hinzufügen; zwischendurch jeweils mit einem Pfannenwender vermischen. Sobald sich das Ganze nicht mehr so einfach durchmixen lässt, den Teig nach jeder Zugabe von Mehl mit den Händen verkneten. Sollte der Teig immer noch an Ihren Fingern klebenbleiben, nachdem Sie alles Mehl dazugegeben haben, geben Sie 50 g extra hinzu.
4. Die Schüssel mit Frischhaltefolie abdecken und an einem warmen Ort ruhen lassen (ca. 1½ bis 2 Stunden, je nach Temperatur der Örtlichkeit). Gut möglich, dass der Teig seine Größe nicht verdoppelt, doch er sollte in jedem Fall merklich aufgehen.
5. Den Teig niederschlagen und auf einer leicht mit Mehl bestreuten Oberfläche 10 Minuten ruhen lassen.

*Fortsetzung auf S. 38*

## TRADITIONELLER HEFEZOPF (FORTSETZUNG)

6. Den Teig flechten: In 6 gleich große Stücke teilen und jedes davon flach ausrollen. Jede Teigscheibe zu einem Strang von ca. 40 cm Länge rollen und ein Ende davon etwas spitzer zulaufen lassen. Alle dicht nebeneinanderlegen und die oberen Enden leicht zusammendrücken. Den Strang ganz rechts über die nächsten beiden heben, dann unter dem nächsten hindurch führen und über die letzten beiden heben. Jetzt sollte der Strang ganz links sein. Wiederholen Sie dies mit dem Teigstrang, der jetzt ganz rechts ist, und flechten Sie so lange weiter, bis Sie das Ende aller Stränge erreichen. Drücken Sie die unteren Enden dann genauso zusammen, wie Sie es mit den oberen gemacht haben.
7. Den Teigzopf vorsichtig auf ein mit Backpapier ausgelegtes Backblech legen und nochmals 1 Stunde ruhen lassen. Während der Teig aufgeht, den Backofen auf 175 °C vorheizen.
8. 1 Ei und 1 Esslöffel Wasser miteinander vermischen. Die Oberseite des Brotes gleichmäßig mit der Eierlasur bepinseln und mit der Sesamsaat besprenkeln.
9. Den Hefezopf 20 Minuten backen, dann das Blech drehen und nochmals 20 Minuten in den Ofen geben.
10. Den Hefezopf aus dem Backofen nehmen und wenden. Auf die Unterseite des Brotlaibs klopfen. Klingt der Laib hohl? Dann ist das Brot fertig. Drehen Sie es wieder um und lassen Sie es auf einem Kuchengitter abkühlen.

# Eine sonnige Butterkugel

## Inspiriert von ***Funny Girl*** (1964)

Manchmal glauben unsere Freunde, nur unser Bestes im Sinn zu haben. »Sei vernünftig und heirate diesen Mann nicht«, sagen sie. Oder: »Gib` deine tolle Karriere nicht auf.« Oder: »Verspeise keine riesige Butterkugel zum Frühstück.« Doch selbst wenn sie Ihre Freunde sind, steht es ihnen nicht zu, Ihnen zu sagen, was Sie zu tun oder zu lassen haben, nicht wahr? Lassen Sie sich von denen nichts vermiesen – das Leben ist großartig, und Sie sollten sich unbedingt einen ordentlichen Bissen davon gönnen! Diese sonnige Butterkugel ist genau der richtige Start in den Tag. Sie können diese fruchtige Butter mit Orangengeschmack auf alles Mögliche streichen: auf Teegebäck, auf Toastbrot, auf Pancakes, auf Waffeln, auf Muffins und auf noch vieles andere.

1 kleine Orange
240 g gesalzene Butter
85 g Honig

**ERGIBT: 250 G BUTTER**

1. Die Orange in zwei Hälften schneiden. Von einer Hälfte 2 Teelöffel Zeste abreiben.
2. Mit einem Mixer oder in einer Küchenmaschine die Butter aufschlagen, bis sie leicht und fluffig ist.
3. Den Honig und die Orangenzeste zur Butter geben und durcharbeiten.
4. Die Butter auf einen Bogen Wachspapier geben und mit Hilfe des Papiers zu einer Kugel formen.
5. Vollständig in Frischhaltefolie einwickeln und so lange in den Kühlschrank geben, bis die Butter fest ist (ca. 1 Stunde).
6. Die andere Orangenhälfte in dünne Spalten schneiden und die Butterkugel damit dekorieren, indem Sie die Orangenspalten so in die Butter stecken, dass sie aussehen wie Sonnenstrahlen. Zusammen mit einem kleinen Butter- oder Käsemesser servieren.

# Aufstrich muss sein!

## Inspiriert von ***Follies*** (1971)

In *Follies* dreht sich alles um Nostalgie, und während Carlotta in der Vergangenheit schwelgt, erinnert sie uns daran, dass sie selbst nach all den Höhen und Tiefen ihrer Karriere immer noch da ist. Sprechen Sie mit ehemaligen New Yorkern über Bagels und Aufstrich, und die Chancen stehen gut, dass sie in einen ähnlichen Monolog ausbrechen. Erinnern Sie sie dann einfach daran, dass sie sich ja jederzeit einen dieser Frischkäse-Bagel mit allem Drum und Dran schmieren können.

½ Esslöffel Mohnsaat
¼ Esslöffel weiße Sesamsaat
¼ Esslöffel schwarze Sesamsaat (oder alternativ noch mehr weiße Sesamsaat)
¼ Esslöffel getrocknete Knoblauchflocken
¼ Esslöffel getrocknete Zwiebelflocken
½ Teelöffel Meersalzflocken
230 g Frischkäse
2 Esslöffel Vollmilch
1 Bagel, getoastet
Räucherlachs, rote Zwiebelscheiben und Kapern, als Garnierung (optional)

ERGIBT: 1 FRISCHKÄSE-BAGEL

1. Die Mohnsaat, die Sesamsaat, den Knoblauch, die Zwiebel und das Salz miteinander vermischen. Beiseitestellen.
2. Mit einem Mixer auf hoher Stufe 2 Minuten lang den Frischkäse schlagen. Die Milch dazugeben und weiterschlagen, bis das Ganze leicht und fluffig ist.
3. Geben Sie die Gewürze zum Frischkäse und mixen Sie alles gut durch.
4. Zum Servieren die Frischkäsecreme auf einen frisch getoasteten Bagel streichen. Mit Räucherlachs, roten Zwiebeln und Kapern krönen.
5. Darüber lamentieren, dass New York und der Broadway einfach nicht mehr das sind, was sie mal waren.

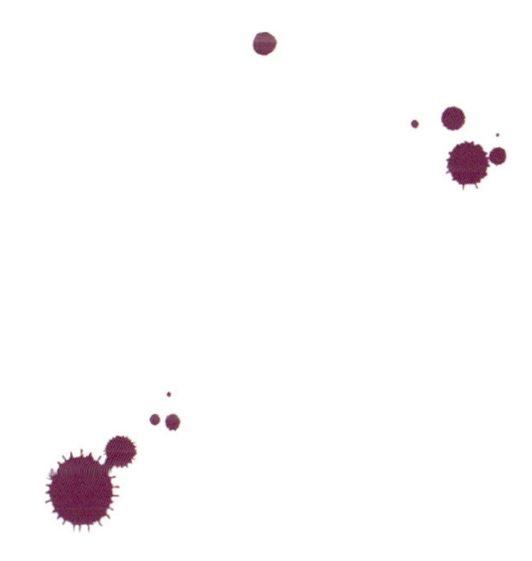

# Süßkartoffelrosetten

## Inspiriert von ***Ein Käfig voller Narren*** (1983)

Sie sind, was Sie sind. Sie sind nicht einfach bloß eine einfache gebackene Süßkartoffel. Sie sind etwas Ausgefallenes, ein bisschen schrill, ein wenig fabulös, aber trotzdem bodenständig und gut zu denen, die Sie lieben. Sie sind eine Herzoginsüßkartoffel, und Sie wollen, dass alle es wissen. Also raus aus Ihrem Kämmerlein (ähem, Ihrer Küche), und teilen Sie Ihr Funkeln mit der Welt!

1 kg Süßkartoffeln (ca. 4 mittelgroße Süßkartoffeln), geschält und grob gehackt
60 g Butter
3 Eier
½ Teelöffel Salz
¼ Teelöffel gemahlene Muskatnuss
¼ Teelöffel schwarzer Pfeffer
1 Esslöffel Ahornsirup
1 Teelöffel Schmand

**ERGIBT: 18 SÜSSKARTOFFELROSETTEN**

1. Den Backofen auf 205 °C vorheizen und ein Backblech mit Backpapier auslegen.
2. Einen großen Topf bis zu einer Höhe von mindestens 10 cm mit Wasser füllen. Die Süßkartoffeln hineingeben und zum Kochen bringen. Die Hitze so weit reduzieren, dass das Wasser nur noch siedet, und 20 Minuten köcheln lassen, bis die Süßkartoffeln gar und möglichst weich sind.
3. Den Topf abgießen und die Kartoffeln einige Minuten lang Dampf abgeben lassen.
4. Die Butter in den Topf geben und die Kartoffeln zerstampfen. Zwei der Eier trennen und das Eiweiß entsorgen. Das Eigelb, das Salz, die Muskatnuss, den Pfeffer und den Ahornsirup hinzufügen und alles gründlich miteinander vermischen, bis das Ganze schön geschmeidig ist.
5. Den Kartoffelstampf in einen Spritzbeutel mit Sterntülle geben. Die Mischung in Rosetten von ca. 5 cm Durchmesser auf das Backblech spritzen.
6. Das letzte Ei und den Schmand miteinander verquirlen und die Oberseiten der Rosetten damit bepinseln.
7. 20 Minuten backen bzw. so lange, bis die Rosetten goldbraun sind.
8. Auf Ihrem besten »Griechisches Bockspringen«-Geschirr servieren.

# Das Internet ist für Mais

## Inspiriert von ***Avenue Q*** (2003)

Puppen sind ein großartiges Werkzeug, um Kindern Lektionen fürs Leben zu lehren: wie man mit anderen zusammenspielt, wie man ein guter Nachbar ist, wie man richtig von falsch unterscheidet. Und dank Avenue Q wissen wir, dass Puppen Erwachsenen gleichermaßen wichtige Lebenslektionen beibringen können, etwa, dass es kacke ist, wir zu sein, dass in jedem von uns ein kleiner Rassist steckt – und dass das Internet für Mais ist (na ja, eigentlich für Pornos, aber so klingt es einfach besser). Behalten Sie das im Gedächtnis, wenn Sie diese phallischen, gebratenen Maiskolben samt cremiger, würziger Garnierung genießen. Oder geht das jetzt zu weit? Na, und wenn schon. Diesen kleinen Filzmonstern kann es gar nicht weit genug gehen.

- 4 Maiskolben
- 1 Teelöffel Salz
- ½ Teelöffel Chilipulver
- ½ Teelöffel Paprikapulver
- ½ Teelöffel gemahlener Kreuzkümmel
- ½ Teelöffel schwarzer Pfeffer
- 125 g Mayonnaise
- 50 g zerbröselter Cotija-Käse oder 60 g geriebener Parmesankäse
- 1 Limette, geviertelt, zum Servieren

### ERGIBT: 4 MAISKOLBEN

1. Einen Grill auf mittlerer bis großer Hitze vorheizen.
2. Die Maiskolben abziehen: Hierzu die Hüllblätter bis ganz zur Basis des Maiskolbens abziehen und die Strünke unten abbrechen. Alle »Haare« und Fäden entfernen.
3. Die Maiskolben unter häufigem Wenden ca. 10 bis 15 Minuten grillen bzw. so lange, bis sie gar, zart und rundum angeschmort sind.
4. Das Salz, das Chilipulver, das Paprikapulver, den Kreuzkümmel und den schwarzen Pfeffer miteinander vermischen. Beiseitestellen.
5. Die Mayonnaise auf die Maiskolben streichen, dann die Gewürzmischung gleichmäßig über die Mayo sprenkeln. Den Käse darüberstreuen. Zusammen mit Limettenspalten servieren.

# Pain du 24601

## Inspiriert von ***Les Misérables*** (1986)

Der Brotlaib, den Jean Valjean stiehlt, ist kein typisches französisches Baguette. Es ist *larton brutal* oder »Schwarzbrot«, ein dunkles, dichtes Roggenbrot, das die Gemeinen oft aßen. Dies ist eine zwar leichtere, aber noch immer sehr kompakte und »bissfeste«, moderne Version dieses Brotes, wesentlich schmackhafter als der Laib, den Jean Valjean im Frankreich des 18. Jahrhunderts stibitzt hätte, um zu überleben. Es ist vielleicht keine 19 Jahre im Gefängnis wert, aber wenn man eine warme Scheibe hiervon mit etwas Butter bestreicht, schmeckt das Ganze zumindest alles andere als elend!

2¼ Teelöffel aktive Trockenhefe
180 ml warmes Wasser
3 Esslöffel Vollrohrzucker
360 ml warmes Wasser, zum Kochen
½ Teelöffel Salz
100 g Maismehl sowie noch etwas mehr zum Bestäuben
175 g Brotmehl sowie noch etwas mehr zum Bestäuben
100 g Roggenmehl
½ Teelöffel Backpulver

ERGIBT: 2 LAIBE BROT

1. Die Hefe, 60 ml warmes Wasser und den Rohrzucker in der Schüssel Ihres Standmixers miteinander vermengen. 10 Minuten ruhen lassen bzw. so lange, bis die Hefe schäumt.
2. In einem kleinen Topf das Salz mit 360 ml Wasser vermischen und zum Kochen bringen. Das Maismehl hinzufügen und unter häufigem Rühren ca. 2 Minuten köcheln lassen. Zum Abkühlen beiseitestellen.
3. Die Mehle und das Backpulver in eine separate Schüssel sieben. Miteinander vermischen und beiseitestellen.
4. Die abgekühlte Maismehlmixtur und die Hefemischung in die Schüssel Ihres Standmixers geben und auf niedriger Stufe alles miteinander vermengen. Dann allmählich die Mehlmischung dazugeben und weiter durcharbeiten. Sobald alles gut vermischt ist, entweder mit dem Teighaken oder mit den Händen auf einer mit Mehl bestreuten Oberfläche 3 Minuten lang kneten bzw. so lange, bis Sie einen schönen, federnden Teig haben. Den Teig in der Schüssel mit Frischhaltefolie abdecken und 1 Stunde aufgehen lassen bzw. so lange, bis er doppelt so groß ist wie zuvor.
5. Den Teig aus der Schüssel nehmen und auf eine mit Mehl bestreute Oberfläche geben. Den Teig in zwei Hälften teilen, jede davon zu einem länglichen Laib formen und auf ein mit Maismehl bestreutes Backblech geben. Mit Frischhaltefolie abdecken und noch 1 Stunde länger aufgehen lassen.
6. Ein Backblech mit etwas Wasser ganz unten in den kalten Ofen schieben und den Backofen dann auf 205 °C vorheizen. (Das Wasser sorgt dafür, dass das Brot gedämpft wird und beim Backen eine fantastische Kruste bekommt.)
7. 40 Minuten backen bzw. so lange, bis die Brotlaibe hohl klingen, wenn man gegen die Unterseite klopft. Dann aus dem Ofen nehmen und auf einem Kuchengitter abkühlen lassen.

# Lady Marmelade

## Inspiriert von ***Moulin Rouge!*** (2019)

Die Damen im Moulin Rouge sind süß, scharf, feurig – und je nachdem, wie viel Trinkgeld man ihnen gibt, können sie auch ein bisschen sauer sein. Die Zeit mit ihnen ist ebenso unvergesslich wie diese süß-würzige Marmelade, die Sie dazu bringt, immer noch mehr, mehr, mehr davon haben zu wollen!

4 Orangen
400 g Zucker
120 ml Wasser
2 Esslöffel Zitronensaft
1 Teelöffel Vanille
1 Zimtstange
1 ganzer Sternanis
4 ganze Gewürznelken

## ERGIBT: 350 BIS 500 G MARMELADE

1. Mit einem Gemüseschäler die Zeste von den Orangen schälen; dabei die weiße Haut vermeiden. Behutsam alle Haut wegschneiden, die an der Zeste haftet. Die Zeste beiseitelegen.
2. Mit einem kleinen, scharfen Messer die weiße Haut von den Orangen wegschneiden und entsorgen.
3. Die Zeste abreiben und die Orangen würfeln. Die Zeste und die Orangenstücke zusammen mit dem Zucker, dem Wasser, dem Zitronensaft, der Vanille, der Zimtstange, dem Sternanis und den Gewürznelken in einen mittelgroßen Topf geben.
4. Das Ganze zum Kochen bringen, dann die Hitze reduzieren und ohne Deckel unter gelegentlichem Rühren so lange köcheln lassen, bis ein Thermometer 105 °C anzeigt (ca. 1 Stunde).
5. Um zu überprüfen, ob sich die Marmelade gesetzt hat, eine kleine Menge davon auf einen gekühlten Teller geben und mit dem Finger hindurchfahren. Wenn die Marmelade fest bleibt und nicht zurück in die Furche rinnt, ist sie fertig.
6. Die Marmelade in ein Einweckglas füllen und fest verschließen. Im Kühlschrank bis zu drei Monate lang haltbar.

3

# PUBLIKUMSHITS

## HAUPTGERICHTE

Jetzt kommt der Moment, auf den Sie gewartet haben: die große Nummer, der Höhepunkt, der Hauptgang! Diese appetitlichen Gerichte sind das kulinarische Äquivalent des Augenblicks, in dem der Star Ihres Lieblingsmusicals die Bühne betritt, um den einen Song zu schmettern, den jeder mit dieser Show verbindet. Machen Sie sich mit diesen Rezepten vertraut, genießen Sie sie und experimentieren Sie damit. Und falls Sie eines dieser Meisterwerke für Gäste zubereiten, verlangen Sie stehende Ovationen. Immerhin servieren Sie ihnen etwas wahrhaft Großartiges!

# Schnitzel mit Spätzle

## Inspiriert von ***The Sound of Music*** (1959)

Erfüllt es Sie mit Unwohlsein, wenn es draußen donnert und blitzt? Dann nehmen Sie sich einen Rat von Maria zu Herzen und bringen Sie sich mit einigen Ihrer Lieblingsdinge auf andere Gedanken. Beispielsweise mit Seelennahrung.

Doch obwohl Eiernudeln großartig zu Schnitzel passen, bereiten wir hier etwas typisch Österreichisches zu und machen Spätzle: schwäbische Köstlichkeiten aus einer einfachen Mischung aus Ei, Milch und Mehl. Und dann sorgen wir dafür, dass das Ganze sogar noch spektakulärer wird, indem wir etwas dazugeben, das jeder liebt: Käse! Das erfordert nur wenig mehr Arbeit und macht diese schlunzigen Nudeln zu einer noch köstlicheren Beilage zu einem leckeren Schweineschnitzel. Und ehe Sie sich´s versehen, können Sie sich von Ihrer schlechten Laune verabschieden: Auf Wiedersehen!

**FÜR DIE SPÄTZLE**

1,1 kg Allzweckmehl
½ Teelöffel Salz
¼ Teelöffel schwarzer Pfeffer
½ Teelöffel gemahlene Muskatnuss
2 Eier
60 ml Vollmilch zzgl. 2 Esslöffel
1 Esslöffel Butter
100 g Emmentaler, gerieben
1 Esslöffel fein gehackter Schnittlauch

**FÜR DIE SCHNITZEL**

4 Schweineschnitzel
¼ Teelöffel Paprikapulver
¼ Teelöffel Knoblauchpulver
Salz und Pfeffer, zum Abschmecken
120 ml Vollmilch
2 Eier
50 g Mehl
160 g Semmelbrösel
60 ml Pflanzenöl
1 Zitrone, geviertelt

**ERGIBT: 4 PORTIONEN**

1. Die Spätzle zubereiten: In einer Schüssel das Mehl, das Salz, den Pfeffer und die Muskatnuss miteinander vermischen. Die Eier und 60 ml Milch untermischen, bis sich ein schöner Teig formt. Den Teig zum Ruhen beiseitestellen.
2. In einem mittelgroßen Topf gesalzenes Wasser zum Kochen bringen.
3. In der Zwischenzeit die Schnitzel zubereiten: Die Schweineschnitzel mit einem Fleischklopfer oder einem Plattiereisen auf 6 mm Dicke klopfen. Das Paprikapulver, das Knoblauchpulver, das Salz und den Pfeffer vermischen und jedes Schnitzel von beiden Seiten mit der Gewürzmischung würzen. In einer flachen Schüssel das Milch und die Eier miteinander verquirlen und beiseitestellen. Das Mehl auf einen großen Teller oder in eine flache Schüssel geben, die Semmelbrösel in eine andere.
4. In einer großen Pfanne bei mittlerer bis großer Hitze das Öl erwärmen. Jeweils ein Schnitzel auf einmal mit dem Mehl ummanteln, dann mit der Ei-Milch-Mischung überziehen und schließlich in den Semmelbröseln wälzen. Die Schnitzel in Chargen (ohne dass es in der Pfanne zu eng wird) jeweils 4 Minuten von jeder Seite anbraten, bis die Panierung goldbraun und knusprig ist. Die fertigen Schnitzel auf einen mit Küchenpapier ausgelegten Teller legen.
5. Die Spätzle zubereiten: Sobald das Wasser im Topf kocht, eine Spätzle- oder Kartoffelpresse mit Öl einfetten und den Teig in das kochende Wasser drücken. (Sie können hierfür auch ein Kochsieb oder eine Reibe mit großen Löchern verwenden. Legen Sie den Spätzleteig dann in das Sieb oder auf die Reibe und drücken Sie ihn mit einem Pfannenwender durch die Löcher, um die Spätzle ins Wasser plumpsen zu lassen.) Lassen Sie die Spätzle so lange köcheln, bis sie von allein an die Wasseroberfläche emporsteigen (ca. 2 Minuten). Spülen Sie die Spätzle zunächst mit kaltem Wasser ab und gießen Sie sie dann ab.
6. Die Nudeln zusammen mit der Butter bei mittlerer bis großer Hitze in einer mittelgroßen Pfanne anbraten, bis die Spätzle leicht gebräunt sind (ca. 5 Minuten). Nun den Käse, den Schnittlauch sowie 2 Esslöffel Milch hinzufügen und so lange unter häufigem Rühren köcheln lassen, bis der Käse vollends geschmolzen ist und Sie eine dickflüssige Soße haben.
7. Die Spätzle auf vier Teller verteilen und zusammen mit jeweils einem Schnitzel und einer Zitronenspalte servieren.

# Haferbrei, herrlicher Haferbrei!

## Inspiriert von ***Oliver!*** (1962)

Die bedauernswerten Waisenjungen in *Oliver!* werden Tag für Tag mit nichts anderem als Grausamkeit konfrontiert, während sie von echtem, wundervollem, köstlichem, glorreichem Essen träumen. Okay, Haferschleim an sich ist nichts wirklich Tolles. Denken Sie an eine Schüssel Milch, die stundenlang mit ein paar Esslöffeln Haferflocken darin gekocht wurde. Vielleicht noch mit etwas Salz. Nicht so lecker, oder? Deshalb bereiten wir zu Olivers Ehren eine Version dieser traditionellen Speise zu, der er und die Jungs niemals überdrüssig geworden wären – in Form eines üppigen, schmackhaften Haferbreis, gekrönt mit jeder Menge Pfirsich, Sahne und anderen Leckereien.

480 ml Vollmilch

480 ml Wasser

180 g altmodische Haferflocken

90 g Salz

1½ Teelöffel Zimt

1 Esslöffel ungesalzene Butter

2 Pfirsiche, geschält und in dünnen Scheiben (ca. 6 mm dick)

2 Esslöffel Rohrzucker sowie noch etwas mehr zum Servieren

125 g Schmand

120 g Pekannüsse

Honig, zum Servieren

**ERGIBT: 4 PORTIONEN**

1. In einem mittelgroßen Topf die Milch und das Wasser zum Kochen bringen. Die Haferflocken, das Salz und 1 Teelöffel Zimt dazugeben und umrühren. 10 Minuten köcheln lassen bzw. so lange, bis die Haferflocken die von Ihnen gewünschte Konsistenz besitzen. (Sollen die Haferflocken cremiger sein, 5 bis 10 Minuten länger köcheln lassen.)
2. Während die Haferflocken köcheln, in einem mittelgroßen Topf die Butter schmelzen. Die Pfirsiche, den Rohrzucker und den restlichen Zimt dazugeben. 5 Minuten unter gelegentlichem Rühren sautieren.
3. Die Haferflocken in vier Schüsseln geben. Jeweils mit derselben Menge an Pfirsichen, Schmand und Pekannüssen krönen. Mit Honig beträufeln, mit etwas Rohrzucker besprenkeln und sofort servieren.

# Truthahn und Klöße

## Inspiriert von ***Hello, Dolly!*** (1964)

Dolly hat zahlreiche Talente, doch ihre vielleicht beeindruckendste Fähigkeit besteht darin, ein ganzes Bankett leer zu mampfen, ohne sich dabei vom Chaos um sie herum beeindrucken zu lassen. Kochen Sie das Gericht, an dem sie sich labt, und lassen Sie es sich schmecken – aber versuchen Sie, es nicht ganz so schnell zu verspeisen wie Dolly! Keine Sorge: Obwohl diese Kartoffelklöße förmlich im Mund zergehen, sind sie deutlich länger haltbar als die Zuckerwatte- oder Esspapier-Varianten, die hierfür auf der Bühne verwendet werden.

**FÜR DIE TRUTHAHNKEULEN**

1 Esslöffel Paprikapulver
1 Esslöffel Knoblauchpulver
1 Teelöffel getrockneter Thymian
1 Teelöffel getrockneter Rosmarin
1 Teelöffel Salz
½ Teelöffel schwarzer Pfeffer
4 Truthahnkeulen
60 g aufgeweichte Butter

**FÜR DIE KARTOFFELKLÖSSE**

10 mittelgroße Kartoffeln (ca. 1,5 kg), geschält und geviertelt
100 g Mehl
2 Eier
1 Esslöffel getrockneter Schnittlauch
1 Esslöffel Knoblauchpulver
2 Teelöffel Salz
2 Esslöffel Butter
2 Esslöffel Öl

**ERGIBT: 4 PORTIONEN (ODER 1 DOLLY-PORTION)**

1. Die Truthahnkeulen zubereiten: Den Backofen auf 205 °C vorheizen.
2. Das Paprikapulver, das Knoblauchpulver, den Thymian, den Rosmarin, das Salz und den Pfeffer miteinander vermischen und beiseitestellen.
3. Die Truthahnkeulen ringsum mit Butter bestreichen und jede Keule mit der Gewürzmischung einreiben, sowohl unter als auch auf der Haut.
4. Die Truthahnkeulen auf einen Rosteinsatz oder in einen mit Alufolie ausgeschlagenen Bräter geben und 1 Stunde lang im Ofen braten. Die Keulen dann einmal wenden, die Temperatur auf 180 °C reduzieren und weitere 30 Minuten braten bzw. so lange, bis die Flüssigkeit, die aus dem Fleisch austritt, klar ist.
5. Die Kartoffelklöße zubereiten: Während die Truthahnkeulen braten, die Kartoffeln in einen Schmortopf oder einen großen, schweren Kochtopf geben. Den Topf mit so viel Wasser füllen, dass die Kartoffeln vollständig damit bedeckt sind, und zum Kochen bringen. Die Hitze dann reduzieren und die Kartoffeln 15 Minuten köcheln lassen. Abgießen.
6. Die Kartoffeln im Topf zerstampfen und 5 Minuten abkühlen lassen. Das Mehl, die Eier, den Schnittlauch, das Knoblauchpulver und das Salz dazugeben und alles gut miteinander vermengen.
7. Aus dem Kartoffelbrei 20 golfballgroße Kugeln formen, auf einen Teller legen und beiseitestellen.
8. Den Schmortopf ausspülen und mit Wasser füllen. Das Wasser zum Kochen bringen und die Kartoffelklöße hineingeben. Ca. 7 bis 9 Minuten köcheln lassen bzw. so lange, bis an einem Zahnstocher, den man in die Klöße steckt, beim Herausziehen nichts mehr kleben bleibt.
9. In einer großen Bratpfanne bei mittlerer bis großer Hitze die Butter und das Öl erwärmen und die Klöße darin anbraten, bis sie langsam braun werden.
10. Die Truthahnkeulen aus dem Backofen nehmen, 10 Minuten ruhen lassen und dann zusammen mit den Klößen servieren.

# Spargelzeit

## Inspiriert von ***Hair*** (1968)

Die Spargelzeit bricht an. Eine Zeit, um Gemüse zu essen, das uns diese wunderbare Erde geschenkt hat, sich vor dem Militärdienst zu drücken und den persönlichen Vorrat an Halluzinogenen aufzufüllen. Dummerweise kann sowas ziemlich schnell aus dem Ruder laufen. Also fangen wir einfach mit dem Gemüse an und schauen, was der Tag noch so mit sich bringt, in Ordnung? Dieses vegane Rezept kombiniert Spargel, Capellini-Pasta und sonnengereifte Zitrone zu einer köstlichen, nahrhaften Mahlzeit, und das, ohne dass auch nur ein einziges Geschöpf von Mutter Natur dafür leiden muss. Großartig!

230 g Capellini-Pasta
2 Esslöffel Pinienkerne
750 g Spargel
2 Esslöffel Olivenöl
4 Knoblauchzehen, halbiert
Salz und Pfeffer, zum Abschmecken
60 ml Gemüsebrühe
Saft von 1 Zitrone (ca. 2 Esslöffel)
Rote Chiliflocken, zum Abschmecken

ERGIBT: 4 PORTIONEN

1. Einen großen Topf gesalzenes Wasser zum Kochen bringen. Die Capellini-Pasta hineingeben und gemäß Packungsanleitung zubereiten. Die Pasta abgießen; dabei 60 ml des Nudelwassers auffangen.
2. In einer trockenen, großen Pfanne bei mittlerer Hitze unter ständigem Rühren die Pinienkerne rösten, bis sie hellbraun sind (ca. 90 Sekunden). Aus der Pfanne nehmen und beiseitestellen.
3. Die harten unteren Spitzen der Spargelstangen abtrennen und den Rest in 2,5 cm große Stücke schneiden.
4. In derselben Pfanne, die Sie für die Pinienkerne verwendet haben, das Olivenöl erwärmen. Den Spargel, den Knoblauch, das Salz und den Pfeffer hineingeben und bei mittlerer bis großer Hitze so lange anbraten, bis der Spargel gar ist (ca. 5 Minuten). Die Gemüsebrühe und das Nudelwasser dazugeben und 2 Minuten lang erhitzen, bis die Flüssigkeit warm ist.
5. Die Nudeln in eine große Schüssel geben und mit der Brühe nebst Gemüse aufgießen. Den Zitronensaft, die gerösteten Pinienkerne und die roten Chiliflocken hinzufügen. Alles miteinander vermischen, abschmecken und ggf. nachwürzen.
6. Gabeln in die große Schüssel stecken und gemeinsam ganz entspannt auf einer Picknickdecke genießen.

# Mamas ordentlich pfeffrige Bolognese

## Inspiriert von ***Chicago*** (1975)

Ob man nun des Mordes schuldig ist oder nicht, es gibt zwei Dinge, die man unbedingt tun sollte, wenn man in den Knast wandert: an das Feingefühl von Billy Flynn appellieren und sich bei Mama Morton einschleimen. Bieten Sie an, in der Kantine mitzuarbeiten, und würzen Sie Ihre Bolognese ordentlich mit Pfeffer. Das wird Sie weit bringen! Denn dieses Gericht steckt voller Aromen, darunter u. a. Paprika, schwarzer Pfeffer und rote Chiliflocken. Überdies ist der Topf groß genug, um den ganzen Zellentrakt zu verköstigen. Also ziehen Sie Ihre besten schwarzen Netzstrümpfe an: Es wird Zeit, sich an den Herd zu stellen, Schätzchen!

1 Esslöffel Olivenöl zzgl. 60 ml
1 Karotte, fein gehackt
1 gelbe Zwiebel, fein gehackt
1 rote Paprika, fein gewürfelt
1 Rippe Sellerie, fein gehackt
4 Knoblauchzehen, fein gehackt
500 g Hackfleisch
125 g pikantes italienisches Bratwurstbrät (Salsiccia)
680 g Pizzatomaten
170 g Tomatenmark
120 ml Rotwein
1 Lorbeerblatt
1 Esslöffel getrockneter Oregano
2 Esslöffel getrocknetes Basilikum
½ bis 1 Teelöffel rote Chiliflocken (nach Belieben)
1 Teelöffel schwarzer Pfeffer sowie noch etwas mehr zum Abschmecken
Salz, zum Abschmecken
500 g Tagliatelle

### ERGIBT: 8 PORTIONEN

1. In einem großen Kochtopf oder einem Schmortopf bei mittlerer bis großer Hitze 1 Esslöffel Olivenöl erwärmen. Die Karotte, die Zwiebel, die rote Paprika, den Sellerie und den Knoblauch hineingeben und für 2 bis 3 Minuten anschwitzen bzw. so lange, bis das Gemüse aufgeweicht und duftig ist. Nun das Hackfleisch hinzufügen und unter gelegentlichem Rühren so lange anbraten, bis das Fleisch braun und alle Zutaten gleichmäßig gegart sind.
2. Die Tomaten, das Tomatenmark, 60 ml Olivenöl, den Wein, das Lorbeerblatt, den Oregano, das Basilikum, die roten Chiliflocken und den schwarzen Pfeffer dazugeben. Alles zum Kochen bringen, dann die Hitze so weit reduzieren, dass das Ganze gemütlich vor sich hin blubbert. So ohne Deckel mindestens 2 Stunden unter gelegentlichem Rühren köcheln lassen. Mit Salz und Pfeffer abschmecken.
3. Einen großen Topf gesalzenes Wasser zum Kochen bringen und die Tagliatelle gemäß Packungsanleitung kochen. Die Pasta abgießen (aber nicht abspülen), dabei 120 ml von dem Nudelwasser auffangen.
4. Das Nudelwasser zur Soße geben und unterrühren.
5. Die Soße in einer großen Schüssel mit der Pasta vermischen und die Schüssel ganz entspannt mitten auf den Tisch stellen, damit sich jeder davon nehmen kann, was er möchte.

# Frank-N-Furters Hackbraten

## Inspiriert von *The Rocky Horror Show* (1975)

Heilig´s Blechle, ist das ein köstlicher Hackbraten! Dieses Gericht ist genau das, was Frank nach einem langen Tag im Labor, wo er sein nächstes Meisterwerk erschaffen hat, seinen Partygästen servieren würde. Wir empfehlen für die Zubereitung zwar Rindfleisch, doch letztlich können Sie jede Art von Hack verwenden, die Sie möchten. Allerdings sollte es nicht zu mager sein, damit das Ganze nicht zu trocken wird. Dieser appetitliche Braten im Stil der 1970er wird dafür sorgen, dass Sie am liebsten einen Zeitsprung machen würden, um ihn immer wieder genießen zu können!

**FÜR DEN HACKBRATEN**
1 kg Hackfleisch
320 g Semmelbrösel
240 ml Vollmilch
2 Eier, leicht aufgeschlagen
110 g fein gehackte gelbe Zwiebel
6 Knoblauchzehen, fein gehackt
4 Esslöffel Ketchup
2 Esslöffel Worcestershiresoße
1 Esslöffel Salz
2 Teelöffel schwarzer Pfeffer

**FÜR DIE LASUR**
230 ml Ketchup
50 g Rohrzucker
2 Esslöffel Worcestershiresoße

ERGIBT: 8 PORTIONEN

1. Den Backofen auf 175 °C vorheizen. Eine Kastenform mit Backpapier ausschlagen, dabei an den Rändern einen kleinen Überhang lassen.
2. Den Hackbraten zubereiten: Alle Zutaten für den Hackbraten in einer großen Schüssel grob miteinander vermischen. Die Mischung in die Kastenform füllen, gleichmäßig zu allen Seiten verteilen und die Oberfläche glätten.
3. Die Lasur zubereiten: Den Ketchup und den Rohrzucker miteinander vermischen und mit der Hälfte der Mixtur die Oberseite des Hackbratens bepinseln.
4. 1 Stunde im Ofen garen. Den Hackbraten anschließend mit dem Backpapier (deshalb der Überhang) aus der Form und auf einen Servierteller heben.
5. Mit der übrigen Ketchup-Lasur bestreichen. 10 Minuten ruhen lassen.
6. In dicke Scheiben schneiden und mit warmen Salzkartoffeln servieren.

# Londoner Wurstpasteten

## Inspiriert von *Sweeney Todd: Der teuflische Barbier aus der Fleet Street* (1979)

Mrs. Lovetts Pasteten sind gefüllt mit Speck und ... Na ja, wir alle wissen, was da sonst noch drin ist. Deshalb schlagen wir bei diesem Rezept eine etwas andere Richtung ein. Mit ein bisschen Bratwurst verwandeln wir die ekligsten Pasteten von ganz London in schmackhafte, britisch inspirierte Köstlichkeiten, die Mrs. Mooney von den Füßen hauen würden. Ein bisschen Bier, das der Füllung beigemischt wird, sorgt für zusätzliche Würze, und mit Sicherheit wird sich niemand darüber beschweren, wenn Sie noch etwas mehr davon kaltgestellt haben. Und das Beste: Bei der Zubereitung dieses Gerichts kommen weder Katzen noch Priester zu schaden. So hart sind die Zeiten momentan dann doch nicht.

**FÜR DIE PASTETENKRUSTE**

300 g Mehl sowie noch etwas mehr zum Bestäuben

1 Teelöffel Salz

240 g kalte ungesalzene Butter

120 ml kaltes Wasser

**FÜR DIE FÜLLUNG**

2 Esslöffel Öl

500 g Bratwurst, in ca. 1,2 cm dicke Scheiben geschnitten

180 g fein gewürfelte rote Kartoffeln

1 mittelgroße gelbe Zwiebel, fein gewürfelt

2 Karotten, fein gewürfelt

2 Knoblauchzehen, fein gehackt

1 Teelöffel getrockneter Thymian

1 Teelöffel getrockneter Rosmarin

1 Teelöffel Salz

½ Teelöffel Pfeffer

1 Esslöffel Mehl

240 ml Bier

60 g Schmand

**FÜR DIE EIERLASUR**

1 Ei

1 Esslöffel Wasser

ERGIBT: 6 PASTETEN

1. Die Pastetenkruste zubereiten: In einer großen Schüssel das Mehl und das Salz miteinander vermischen. Dann mit einem Teigmischer oder Ihren Händen die Butter einarbeiten. Das kalte Wasser dazugeben und mit den Händen so lange durcharbeiten, bis ein Teig entsteht.
2. Den Teig aus der Schüssel nehmen und zu einer Scheibe flachdrücken. In Frischhaltefolie einwickeln und in den Kühlschrank geben, bis Sie die Füllung zubereitet haben, mindestens aber 15 Minuten.
3. Die Füllung zubereiten: Die Bratwurst, die Kartoffeln, die Zwiebel, die Karotten und den Knoblauch in einer großen Sauteuse oder Bratpfanne bei mittlerer bis großer Hitze 5 Minuten anbraten bzw. so lange, bis die Wurst komplett durchgegart und das Gemüse weich und duftig ist. Nun den Thymian, den Rosmarin, das Salz, den Pfeffer und das Mehl hinzufügen. Umrühren, um alles zu vermischen, dann das Bier und den Schmand dazugeben. 5 Minuten köcheln lassen.
4. Den Backofen auf 205 °C vorheizen.
5. Den Teig vollenden: Aus dem Kühlschrank nehmen und in 6 gleich große Stücke schneiden. Auf einer mit Mehl bestreuten Oberfläche ausbringen und vier der Teigstücke zu Scheiben von ca. 20 cm Durchmesser ausrollen. Die anderen beiden Stücke jeweils in zwei Hälften schneiden und jedes der vier Stücke zu einer Scheibe von ca. 13 cm ausrollen.
6. Die großen Scheiben in 10-cm-Pastetenformen geben, den Teig fest an die Seiten andrücken und den Überschuss oben aus der Form stehen lassen.
7. Den Hohlraum jeder Pastete mit der Fleischfüllung füllen, dann jeweils eine der kleinen Scheiben darauflegen und die Säume zusammendrücken. Je zwei Löcher oben in die Mitte jeder Pastete piksen.
8. Die Eierlasur zubereiten: Das Ei und 1 Esslöffel Wasser miteinander verquirlen und die Kruste jeder Pastete mit der Eierlasur bestreichen.
9. Für 25 Minuten im vorgeheizten Ofen backen bzw. so lange, bis die Pasteten goldbraun sind. Vor dem Servieren mindestens 5 Minuten abkühlen lassen.

# Pasta mit vegetarischen Bällchen

## Inspiriert von *Rent* (1996)

Das *Life Café*: Treffpunkt einheimischer Künstler und Hotspot für diese ganze trendige vegetarische Küche aus den 1990ern. Obwohl es das Café selbst inzwischen nicht mehr gibt, können wir dem Ort, an dem Jonathan Larson große Teile von *Rent* schrieb, zumindest Tribut zollen, indem wir ein Gericht zubereiten, das von der dortigen Speisekarte inspiriert ist. Sind Sie normalerweise ein Fleischfresser? Dann steigen Sie jetzt aus Ihrem Range Rover und leben Sie für eine Weile *la vie bohème* – wie ein Bohème. Haben Sie eine größere Gruppe zu verköstigen? Dann servieren Sie die Pasta zusammen mit dreizehn Portionen Pommes frites und jeder Menge Wein und Bier!

2 Esslöffel Olivenöl sowie noch etwas mehr zum Frittieren

50 g fein gewürfelte gelbe Zwiebel

135 g fein geschnittene Champignons

4 Knoblauchzehen, fein gehackt

90 g Haferflocken

80 g Semmelbrösel

60 g geriebener Parmesankäse oder veganer Parmesankäse

2 Teelöffel getrocknetes Basilikum

2 Teelöffel getrocknete Petersilie

1 Teelöffel getrockneter Oregano

1 Teelöffel getrockneter Rosmarin

440 g Kichererbsen, abgegossen, aber nicht abgespült

1 Esslöffel Tomatenmark

Salz und schwarzer Pfeffer, zum Abschmecken

1 Ei (oder alternativ Leinsamenei)

680 ml Marinarasoße

500 g Ihrer Lieblingspasta

### ERGIBT: 24 FLEISCHFREIE BÄLLCHEN ODER 8 PORTIONEN MIT PASTA

1. In einer großen Sauteuse bei mittlerer Hitze 2 Esslöffel Olivenöl erwärmen und die Zwiebel hineingeben. 2 Minuten lang anschwitzen.
2. Die Champignons und den Knoblauch dazugeben und weitere 3 Minuten anschwitzen. Die Sauteuse dann vom Herd nehmen und einige Minuten lang abkühlen lassen.
3. In einer kleinen Schüssel die Haferflocken, die Semmelbrösel, den Parmesankäse, das Basilikum, die Petersilie, den Oregano und den Rosmarin miteinander vermischen. In eine Küchenmaschine oder einen Standmixer geben und so lange durcharbeiten, bis die Zutaten gut miteinander vermischt sind und die Haferflocken zwar sehr fein, aber noch nicht pulverig sind. Wieder zurück in die kleine Schüssel geben und beiseitestellen.
4. Das angeschwitzte Gemüse, die Kichererbsen und das Tomatenmark in eine Küchenmaschine oder einen Standmixer geben. So lange durcharbeiten, bis alles gut vermischt, aber noch nicht püriert ist.
5. Den Inhalt des Standmixers in eine große Schüssel geben. Die trockenen Zutaten hinzufügen und gründlich durchmischen.
6. Kosten und bei Bedarf mit Salz und Pfeffer abschmecken. Das Ei dazugeben und alles vermischen.
7. Die Masse mit einem Eisportionierer oder den Händen zu golfballgroßen Bällen formen.
8. Die Marinarasoße in einen mittelgroßen Kochtopf geben und zum Köcheln bringen.
9. So viel Olivenöl in eine große Pfanne geben, dass der Boden komplett bedeckt ist, und bei mittlerer bis großer Hitze erwärmen. Die fleischlosen Fleischbällchen anbraten, bis sie goldbraun sind (ca. 2 Minuten pro Seite).
10. Die gebratenen Bällchen in den Topf geben und 10 Minuten in der Soße köcheln lassen.
11. Während die fleischlosen Bällchen köcheln, nach Packungsanleitung Ihre Lieblingsnudeln zubereiten. Ich empfehle herzhafte Vollkornspaghetti.
12. Die Bällchen und die Soße großzügig über einem ordentlichen Berg Pasta geben und sofort servieren. Aber den Wein und das Bier nicht vergessen!

# Des Königs Pastrami auf Roggenbrot

## Inspiriert von ***Newsies*** (2012)

Genau wie viele New Yorker denken die Zeitungsjungen, die davon träumen, die Könige des Big Apple zu werden, als Erstes daran, sich ein riesiges Pastrami-Sandwich zu gönnen, sobald ihr Wunsch in Erfüllung gegangen ist. Dieses Sandwich ist der authentische Pastrami auf Roggenbrot-Klassiker, den man dort in jedem jüdischen Deli bekommt, allerdings mit einem pragmatischen Kniff: Nehmen Sie die Gewürzgurke, die normalerweise als Beilage serviert wird, schneiden Sie sie in Scheiben und legen Sie sie mit aufs Sandwich. Schließlich sind Sie ein Zeitungsjunge – Sie müssen immer eine Hand frei haben, um Ihre Zeitungen zu verkaufen. Und jetzt gehen Sie da raus und machen Sie das Geschäft Ihres Lebens!

375 g Pastrami, in dünnen Scheiben
2 dicke Scheiben Roggenbrot
Pikanter brauner Senf, zum Bestreichen
1 große Gewürzgurke

**ERGIBT: 1 SANDWICH**

1. Die Pastrami durch Dämpfen erwärmen: Hierzu einen Fingerbreit Wasser in einen großen Topf geben und einen Dämpfkorb darauf setzen. Abdecken und 10 Minuten dämpfen bzw. so lange, bis die Pastrami warm ist.
2. Das Roggenbrot toasten und jeweils eine Seite jeder Scheibe mit einer dünnen Schicht Senf bestreichen.
3. Behutsam die gesamte Pastrami auf eine Brotscheibe schichten.
4. Die Gewürzgurke der Länge nach aufschneiden, um lange, dicke Gurkenscheiben zu bekommen. Die Scheiben oben auf Ihren Wurstberg legen.
5. Die andere Scheibe Brot oben auf das Sandwich legen, etwas flachdrücken, mit einem großen, scharfen Messer in zwei Hälften schneiden und genießen wie ein König!

PASSPORT

# Neufundland-Toutons

## Inspiriert von ***Come From Away*** (2017)

Die Einwohner von Gander, Neufundland, sind für ihre ungeheuerliche Gastfreundschaft bekannt, und diese Gastfreundschaft war niemals mehr willkommen als am 11. September 2001, als siebentausend »Leute von anderswo« in ihrer kleinen Stadt strandeten. Womit sollte man all diese Menschen versorgen? Na, natürlich mit warmem, leckerem, traditionellem Essen! Neufundland-Toutons sind so etwas wie die vollkommenen Pancakes. Meistern Sie die Zubereitung dieses Rezepts, und vielleicht ernennt man Sie dann zum Ehren-Neufundländer. Wir werden Sie nicht einmal dazu nötigen, den Kabeljau zu küssen.

1½ Teelöffel aktive Trockenhefe
120 ml warmes Wasser
350 g Mehl
1 Esslöffel Zucker
1 Teelöffel Salz
1½ Esslöffel gesalzene Butter, geschmolzen, sowie noch etwas mehr als Garnierung
240 ml warme Vollmilch
4 Scheiben dick geschnittener Frühstücksspeck
Melasse oder Ahornsirup, als Garnierung

**ERGIBT: 18 TOUTONS (CA. 6 PORTIONEN)**

1. Die Hefe in dem warmen Wasser auflösen. 10 Minuten ruhen lassen bzw. so lange, bis die Hefe schäumt.
2. In einem großen Standmixer das Mehl, den Zucker und das Salz miteinander vermischen.
3. Die geschmolzene Butter, die Milch und die Hefemischung zu dem Mehl geben. Mit einem Hand- oder Standmixer mit Teighaken durchkneten; dabei auf der niedrigsten Stufe beginnen und im Laufe von 9 oder 10 Minuten nach und nach auf mittlere Geschwindigkeit erhöhen.
4. Die Schüssel abdecken und den Teig 1 Stunde ruhen lassen bzw. so lange, bis er fast doppelt so groß ist wie zuvor.
5. Den Teig niederschlagen und weitere 10 Minuten ruhen lassen.
6. In einer großen Sauteuse oder Bratpfanne bei mittlerer Hitze den Frühstücksspeck anbraten. Den Speck auf einem mit Küchenpapier ausgelegten Teller abtropfen und abkühlen lassen. Das geschmolzene Fett in der Pfanne lassen und die Hitze auf mittel bis hoch erhöhen.
7. Stücke vom Teig anschneiden, die etwa golfballgroß sind, und mit Ihren Handflächen flachdrücken, um Scheiben von ca. 1,2 cm Dicke zu erhalten.
8. Die Teigscheiben ca. 3 Minuten von jeder Seite in der Pfanne mit dem geschmolzenen Fett anbraten bzw. so lange, bis sie goldbraun sind.
9. Jeden Touton mit einem quadratischen Stück Butter krönen und mit Melasse, Ahornsirup oder einem anderen Topping Ihrer Wahl beträufeln. Mit dem Frühstücksspeck als Beilage servieren.

4

# KURZ VORM GROSSEN FINALE

## COCKTAILS

Langsam wird es spät – höchste Zeit für eine mitreißende, die Seele anregende Nummer, bevor Sie sich auf den Heimweg machen. Doch seien Sie gewarnt: Die Wirkung der folgenden Cocktails ist von Mensch zu Mensch unterschiedlich! Vielleicht tanzen Sie danach singend auf der Straße, womöglich hocken Sie am Ende aber auch allein im Dunkeln und sehen sich mit einigen unschönen Wahrheiten über Ihr Leben konfrontiert. So oder so, wir versprechen, dass diese Drinks runtergehen wie geschmiert. Also nehmen Sie Platz, trinken Sie etwas und genießen Sie die letzten Highlights des Abends!

# Altmodische Hochzeit

## Inspiriert von *Annie Get Your Gun* (1946)

Wie viele Paare haben auch Frank und Annie unterschiedliche Ansichten darüber, wie ihre Hochzeit aussehen soll. Doch selbst die dickköpfigsten Partner – oder die erbittertsten Rivalinnen – sollten uns beipflichten, dass dieser süße Drink ein echter Hit ist. Dieser von *Annie Get Your Gun* inspirierte Cocktail ist quasi die Hochzeitsvariante eines klassischen Old Fashioned, mit einem Hauch von Kuchen und Orangenblüten. Aber keine Sorge: Es ist trotzdem noch genügend Bourbon da, um Annie gütlich zu stimmen!

8 ml Sirup
2 Spritzer Orangenbitter
1 Teelöffel Orangenblütenwasser
120 ml Haselnusslikör
1 großer Eiswürfel
60 ml Bourbon
Orangentwist, als Garnitur

**ERGIBT: 1 COCKTAIL**

1. Den Sirup, den Orangenbitter, das Orangenblütenwasser und den Haselnusslikör in einen Tumbler geben. Umrühren, um alles zu vermischen.
2. Einen großen Eiswürfel hineingeben und den Bourbon darüber gießen. Einmal kurz umrühren und mit einem Orangentwist garnieren.

# Noch ein Wodka Stinger

## Inspiriert von ***Company*** (1970)

Der hier ist für die Ladys, die zu Mittag essen. Und für die Ladys, die sie unverhohlen dafür verurteilen, zum Lunch ein paar Cocktails gehabt zu haben. Dieses Rezept vereint zwei Drinks in einem: einen Wodka Stinger mit einer zweiten Wodka-Variante in Form von Eiswürfeln! Auf diese Weise muss man nicht ständig eine neue Runde bestellen. In diesem Sinne: Cheers!

60 ml Wasser
60 ml klarer Pfefferminzlikör
75 ml Wodka
Minzblätter, als Garnitur

ERGIBT: 1 COCKTAIL

1. Das Wasser, 30 ml Pfefferminzlikör und 15 ml Wodka miteinander vermischen.
2. Jeweils ein Minzblatt in jede der 4 Mulden einer Eiswürfelform geben. Jede Mulde mit der Getränkemischung aufgießen und gleichmäßig verteilen.
3. Über Nacht in den Eisschrank geben bzw. so lange, bis die Eiswürfel vollständig gefroren sind und sich leicht aus der Form lösen lassen.
4. Im Gefrierschrank ein Martiniglas kühlen.
5. Die restlichen 60 ml Wodka und die übrigen 30 ml Pfefferminzlikör in einen Shaker mit normalem Eis geben. Schütteln, bis der Drink gleichmäßig gekühlt ist.
6. Die vier Cocktail-Eiswürfel in das gekühlte Martiniglas geben und dann den Inhalt des Shakers in das Glas seihen.

# Rum Tum Tonic

## Inspiriert von ***Cats*** (1982)

*Cats*: Eins der polarisierendsten Musicals überhaupt. Doch ob man es nun liebt oder hasst, in einem Punkt sind wir uns mit Sicherheit alle einig, nämlich, dass Rum Tum Tugger eine unvergessliche Figur ist – daran gibt es nicht den geringsten Zweifel. Genießen Sie diesen frechen Rum-Drink zu seinen Ehren. Er steckt voller Sahne für die Katze, die in Ihrem Innern schlummert, und ist genauso gestreift wie Tugger selbst. Miau!

2 Esslöffel weiße Schokostückchen
Schokostreusel für den Rand des Glases
60 ml dunkler Rum
30 ml Kaffeelikör
30 g Sahne

### ERGIBT: 1 COCKTAIL

1. Die Schokostreusel auf einen kleinen Teller geben.
2. Die weißen Schokostückchen auf einen anderen kleinen Teller geben, in der Mikrowelle schmelzen (30 Sekunden) und umrühren. Sollte die Schokolade noch nicht vollständig geschmolzen sind, nochmals für 30 Sekunden in die Mikrowelle geben. Das Martiniglas kopfüber auf den Teller stellen, um den Rand des Glases mit der geschmolzenen weißen Schokolade zu überziehen. Den Glasrand dann in die Schokostreusel auf dem anderen Teller tauchen, bis die weiße Schokolade damit bedeckt ist.
3. Den Likör in das Martiniglas gießen.
4. Den dunklen Rum in einem Shaker mit Eis schütteln. In das Martiniglas auf den Likör seihen. Der Rum soll oben auf dem Likör »schweben«, anstatt damit vermischt zu werden.
5. Über die Rückseite eines Esslöffels behutsam die Sahne oben auf den Rum fließen lassen.
6. So geschichtet servieren, das Glas vor dem Trinken jedoch einmal kurz umrühren, um die Zutaten miteinander zu vermengen.

# The Amazing Technicolor Dream Throat

Inspiriert von ***Joseph and the Amazing Technicolor Dreamcoat*** (1982)

Der arme, arme Joseph. Was würden Sie tun, wenn man Sie für die Hauptrolle besetzt und Sie am Morgen Ihres Broadway-Debüts aufwachen und feststellen, dass Ihre Stimme futsch ist? Wir schlagen natürlich vor, dass Sie sich dann einfach dieses farbenwechselnde Stimmbandschmiermittel zusammenmixen! Ein Schluck hiervon, und schon fühlen Sie sich wieder gut genug, um all Ihre Träume wahr werden zu lassen!

2 Scheiben Ingwerwurzel
1 Esslöffel getrockneter blauer Tee
45 ml Whiskey (optional)
½ Esslöffel Honig
Saft von 1 Zitronenspalte

ERGIBT: 1 DRINK

1. Die Ingwerwurzel und den blauen Tee in ein Teesieb geben.
2. Das Teesieb in einen Krug geben, den Whiskey (falls verwendet) hinzufügen und mit 500 ml heißem Wasser aufgießen. 1 Minute ziehen lassen.
3. Den Honig hinzufügen. Den Saft einer Zitronenspalte in den Krug geben und zusehen, wie sich die Farbe von blau zu lila verändert!
4. Austrinken und Ihre Schauspielerkollegen mit Handzeichen wissen lassen, dass Sie bis zu Ihrem großen Auftritt Ihre Stimme schonen.

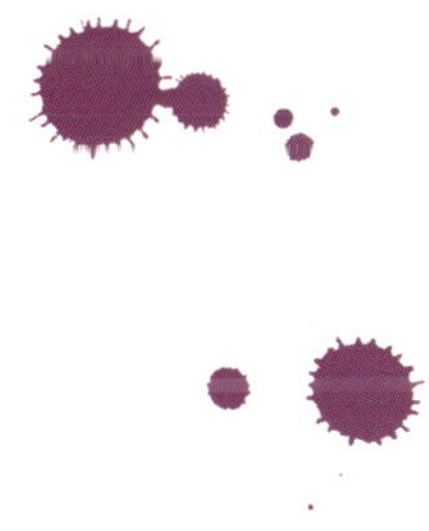

# Der Zauberer und das Eis

## Inspiriert von ***Wicked – Die Hexen von Oz*** (2003)

Ein Toast auf jedermanns Lieblingshexe – mit diesem vom grünen Elixier der Hexe inspirierten Cocktail! Ein paar Schlückchen dieses Absinth-Gesöffs werden dafür sorgen, dass Sie das Gefühl haben, schwerelos zu sein. Lassen Sie sich dann nur von niemandem wieder runterholen. Genießen Sie stattdessen einfach Ihren besonderen Moment mit dem Zauberer und dem Eis!

1 Glas zerstoßenes Eis
4 Minzblätter
15 ml Sirup
45 ml Absinth (das grüne Zeug)
Saft von 1 Limettenspalt
180 bis 230 ml Sodawasser
Minzzweig, als Garnitur
Limettentwist, als Garnitur

**ERGIBT: 1 COCKTAIL**

1. Ein Collins-Glas mit zerstoßenem Eis füllen. Beiseitestellen.
2. Die Minzblätter mit dem Sirup auf dem Boden eines Shakers zerdrücken.
3. Etwas Eis, den Absinth und den Limettensaft mit in den Shaker geben. Schütteln und in das Collins-Glas seihen.
4. Den Rest des Glases mit Sodawasser aufgießen und mit einem Minzzweig und einem Limettentwist garnieren.

# Kubanischer Milchshake

Inspiriert von ***Guys and Dolls*** (1950)

Wenn Sie das nächste Mal das Gefühl haben, vor innerer Anspannung gleich zu explodieren, verkrümeln Sie sich doch einfach nach Havanna und genießen Sie einen köstlichen kubanischen Milchshake (oder zwei). Obwohl einige der Meinung sind, der Bacardi sei bei diesem Drink quasi nur so etwas wie ein zusätzliches Aroma, finden wir, dass er die Hauptattraktion sein sollte, während echtes Dulce de leche (Milchkaramell) und eine Prise Zimt den Geschmack perfekt abrunden. Wer da nicht die Glocken läuten hört, ist selber schuld!

45 ml Bacardi Gold-Rum
30 ml gesüßte Kondensmilch
3 Esslöffel Dulce de leche (Milchkaramell)
1 Kugel Vanilleeis
3 bis 4 Eiswürfel
Prise gemahlener Zimt, als Garnitur

ERGIBT: 1 MILKSHAKE

1. Den Rum, die Milch, das Milchkaramell, das Vanilleeis und die Eiswürfel in einen Standmixer geben. Durcharbeiten, bis das Ganze dickflüssig und cremig ist.
2. In ein hohes Glas gießen und mit etwas Zimt garnieren.

Möchten Sie Ihr eigenes Milchkaramell zubereiten? Dann gießen Sie eine Dose gesüßte Kondensmilch in ein Wasserbad und lassen Sie die Milch 40 bis 50 Minuten bei niedriger Hitze köcheln, bis sie dick und karamellfarben ist.

Sie können den Rum auch gegen 50 ml Milch austauschen, wenn Ihnen der Sinn eher nach einem antialkoholischen Shake steht.

# Sherry Baby

## Inspiriert von ***Jersey Boys*** (2005)

*Jersey Boys* – eine wahre Geschichte über einen Haufen liebenswerter Gauner, die eine sensationelle Band gründen, während sie im Gefängnis aus- und eingehen. Je mehr man über sie erfährt, desto weniger möchte man, dass Sherry sich mit ihnen rumtreibt. Gleichwohl, dieser rote, von Sherry inspirierte Cocktail samt Twist kann dafür sorgen, dass Sie alles und jeden gleich ein bisschen lieber mögen. Mit ein paar dieser Babys im Blut sind Sie bereit, in Ihrer angestammten Karaoke-Bar auch diese extrem hohen Frankie-Valli-Töne zu treffen!

60 ml Amontillado-Sherry
15 ml Grenadine
15 ml Pfirsichbrand
Saft von 1 Zitronenspalte
Zitronentwist, als Garnitur
Maraschinokirsche, als Garnitur

**ERGIBT: 1 COCKTAIL**

1. Den Sherry, die Grenadine, den Pfirsichbrand, den Zitronensaft und das Eis in einen Shaker geben. Gut schütteln.
2. In ein Cocktailglas seihen und mit einem Zitronentwist und einer Maraschinokirsche garnieren.

# Die schönste Sache der Welt

## Inspiriert von ***Kinky Boots*** (2013)

Wir alle erinnern uns nur allzu gut daran, wie es war, als wir uns in unser erstes Paar knallroter Schuhe verliebt haben. Solche Schuhe sind nicht dazu gedacht, praktisch zu sein – sie sind Kunstwerke. Man zieht sie an, und sie sorgen dafür, dass man sich stark und kraftvoll fühlt. Und Ihr Hintern? Der hat nie besser ausgesehen! Dieser Cocktail ist inspiriert vom Schuh aus Lolas Träumen: ein hohes, glitzerndes, knallrotes Meisterwerk. Denn das ist es, was eine Frau wirklich will. Willkommen bei der schrägen Revolution!

Orangenspalt, für den Glasrand
Rote Zuckerkristalle, für den Glasrand
30 ml Granatapfelsaft
30 ml Cointreau
¼ Teelöffel essbare rote Glitzerflocken
Schaumwein, zum Aufgießen

**ERGIBT: 1 COCKTAIL**

1. Den Rand eines Champagnerglases mit einem Orangenspalt abreiben und das Glas dann umgedreht in die Zuckerkristalle auf einem kleinen, flachen Teller tauchen.
2. Den Granatapfelsaft, den Cointreau, die Glitzerflocken und etwas Eis in einen Shaker geben. Durchschütteln, um alles miteinander zu vermischen.
3. In das dekorierte Champagnerglas seihen und den Rest des Glases mit Schaumwein aufgießen.

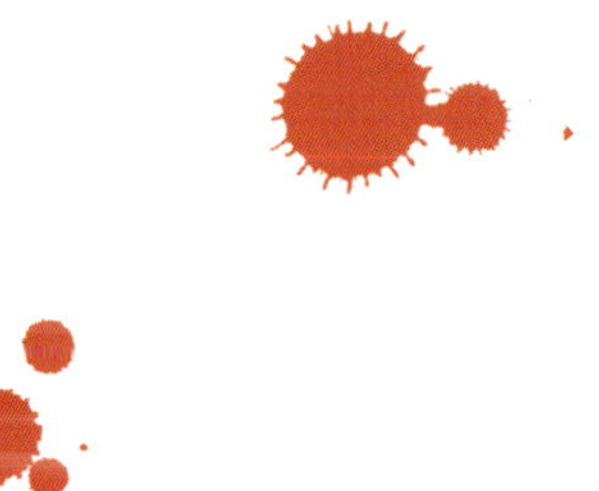

# Mein Shot

## Inspiriert von ***Hamilton*** (2015)

*Hamilton* ist nicht bloß eine großartige Show, sondern eine Bewegung, und die Charaktere inspirieren uns alle dazu, Risiken einzugehen. Wählen Sie Ihre Lieblingsfigur aus und gönnen Sie sich den einen oder anderen Shot, jeweils basierend auf dem zentralen Moment eines Charakters im Musical. Gut möglich, dass Sie das auf den Gedanken bringt, Ihre eigene Revolution zu starten.

### ALEXANDER:

Zubereitet aus karibischem Rum und einem kräftigen Schuss Kaffee, damit Sie weiter auf Volldampf laufen.

ERGIBT: 1 GROSSER SHOT

130 ml karibischer Rum
15 ml Amaretto
45 ml schwarzer Kaffee
Schlagsahne, als Garnierung

1. Den Rum und den Amaretto in ein großes Schnaps- oder Whiskeyglas geben.
2. Über den Rücken eines Esslöffels langsam den heißen schwarzen Kaffee darüber gießen.
3. Mit Schlagsahne krönen.

### ELIZA:

Mit genügend Zimt, damit es bis ganz nach unten reicht.

ERGIBT: 1 GROSSER SHOT

60 ml Zimtwhiskey
30 ml Ingwerbier (mit Alkohol)

1. In einem Schnapsglas den Zimtwhiskey und das Ingwerbier miteinander vermischen.

### ANGELICA:

Eine Variante eines Brandy Alexander, die Ihnen garantiert gefällt.

ERGIBT: 1 GROSSER SHOT

30 ml Cognac
15 ml Schokoladenlikör
15 g Sahne

1. Alle Zutaten in einen Shaker mit Eis geben.
2. Schütteln, um alles zu vermischen, und in ein Schnapsglas seihen.

### AARON BURR:

Mit Honig versetzter Bourbon. Es dauert zwar einen Tag, um diesen Drink vorzubereiten, doch wenn man möchte, dass etwas gut wird, kommt man bisweilen nicht darum herum, sich ein wenig in Geduld zu fassen.

ERGIBT: 6 SHOTS

230 g Honig
120 ml Wasser
360 ml Bourbon

1. Den Honig und das Wasser bei mittlerer Hitze in einem kleinen Topf zum Köcheln bringen. Unter regelmäßigem Rühren 5 Minuten köcheln lassen, um den Sirup zu machen.
2. Den Sirup und den Bourbon in ein Einweckglas geben. Das Glas fest verschließen und gut schütteln, damit sich der Honig und der Whiskey miteinander vermischen.
3. Über Nacht ruhen lassen, damit die Aromen verschmelzen können.
4. In Schnapsgläsern servieren.

### KING GEORGE:

Mit Gin aufgegossener Earl Grey. Britischer kann´s nicht werden.

ERGIBT: 6 SHOTS

360 ml Gin
1 Earl Grey-Teebeutel

1. Den Gin in ein Einweckglas gießen und den Teebeutel mit hineingeben. Ca. 60 bis 90 Minuten ziehen lassen bzw. so lange, bis der »Tee« so kräftig ist, wie es Ihnen beliebt.
2. In Schnapsgläsern servieren.

## GEORGE WASHINGTON:

George Washington kommt nach Hause ... um seinen eigenen Bourbon zu machen.

ERGIBT: 1 SHOT

30 ml Bourbon
15 ml süßer Wermut
1 Tropfen Grenadine

1. Den Bourbon und den Wermut in ein Schnapsglas gießen und einen Tropfen Grenadine dazugeben.

## THOMAS JEFFERSON:

Ein Cognac-Shot, der einen wünschen lässt, Frankreich niemals verlassen zu haben.

ERGIBT: 1 GROSSER SHOT

45 ml Cognac
30 ml Amaretto

1. Die Zutaten in einem Shaker voller Eis miteinander vermischen. In ein Schnapsglas seihen und auf ex runterkippen oder daran nippen.

# Eine Flasche Sonnenschein

## Inspiriert von ***Hadestown*** (2019)

Der Winter kann die Hölle sein. Fragen Sie nur mal Persephone. Jeden Winter sitzt sie in Hadestown fest, doch wann immer der Boss nicht hinsieht, schmuggelt sie ein bisschen Frühling zu den anderen Bewohnern. Sorgen Sie dafür, dass Sie beim nächsten Mal, wenn diese tristen grauen Tage allmählich anfangen, Sie runterzuziehen, eine Flasche Sonnenschein parat haben. Dank des spritzigen Zitrusaromas wird es Ihnen nicht schwer fallen, sich an gute, schöne Sommertage zu erinnern.

3 Orangen
1 Flasche Wodka (750 ml)

### ERGIBT: EINE FLASCHE (750 ML)

1. Die Orangen in Scheiben schneiden.
2. Die Orangenscheiben in ein 1-l-Einweckglas mit großer Öffnung geben.
3. Den Wodka mit in das Einweckglas gießen und das Glas fest verschließen.
4. Das Einweckglas behutsam schütteln und mindestens 4 Tage, besser jedoch einen Monat im Kühlschrank ruhen lassen. Alle 1 bis 2 Tage sanft schütteln.
5. Den Wodka durch ein Mulltuch seihen und in einer geeigneten Flasche oder einem Einweckglas aufbewahren. Die Orangen entsorgen.

Verwenden Sie etwas von Ihrer Flasche Sonnenschein, um Persephones »Stärkungsmittel« zuzubereiten, einen Cocktail, der nicht bloß nach Frühling duftet, sondern auch so schmeckt:

60 ml »Eine Flasche Sonnenschein«
30 ml Sherry
15 ml Sirup
1 Orangenscheibe
1 Zweig Minze

### ERGIBT: 1 COCKTAIL

1. Das Eis, den »Sonnenschein«, den Sherry und den Sirup in einen Shaker geben. Schütteln, bis alles gut gekühlt ist.
2. In ein mit Eis gefülltes Whiskeyglas geben. Mit einer Orangenscheibe und einem Minzzweig garnieren.

5

# ZUGABE

## DESSERTS

Selbst die großartigste Darbietung wäre nicht perfekt ohne eine rauschende Zugabe. Lassen Sie den Abend mit diesen köstlichen Desserts mit einer lieblichen, süßen Note ausklingen. Sie können sich gewiss sein, dass Ihr Publikum für den Rest der Nacht Loblieber auf Sie singt!

# Laureys preisgekrönte Tarts

## Inspiriert von ***Oklahoma!*** (1943)

Möchten Sie, dass sich die Farmer und die Cowboys bei der alljährlichen Viehauktion um Ihren Picknickkorb streiten? Dann sollten Sie unbedingt eine köstliche Tarte einpacken! Im Musical Oklahoma! backt Laurey ihre berühmten Stachelbeer-Tarts. Allerdings kann es schwierig sein, diese Beeren zu besorgen. Doch wenn man Erdbeeren (die »Staatsfrucht« von Oklahoma) mit etwas Rhabarber vermischt, bekommen Sie eine köstliche Leckerei, die dasselbe Geschmacksprofil besitzt wie Stachelbeeren. Diese Tarts sind so gut, dass ein Cowboy selbst seinen Sattel hergeben würde für die Chance, sie mit Ihnen gemeinsam zu genießen!

**FÜR DIE TARTELETTEN**

75 g Allzweckmehl
¼ Teelöffel Salz
2 Esslöffel Backfett
2 Esslöffel kalte ungesalzene Butter
2 Esslöffel kaltes Wasser

**FÜR DIE FÜLLUNG**

450 g gehackter Rhabarber
50 g Zucker
2 Esslöffel Orangensaft
120 g grob geschnittene Erdbeeren
1 Esslöffel Speisestärke
½ Teelöffel Vanille
Schlagsahne, als Garnierung

Verwenden Sie gekaufte Tarteletten? Dann fangen Sie gleich bei Schritt Nr. 5 an. Packen Sie außerdem noch ein paar Fleischpasteten und hausgemachte Marmelade ein, um ein preiswürdiges Picknick auf die Beine zu stellen!

ERGIBT: 12 TARTS

1. Die Tarteletten zubereiten: In einer großen Schüssel das Mehl und das Salz miteinander vermischen, dann mit einem Teigmischer oder Ihren Händen das Backfett und die Butter einarbeiten. Langsam das kalte Wasser dazugeben und durcharbeiten, bis ein Teig entsteht.
2. Den Teig zu einer flachen Scheibe formen, in Frischhaltefolie wickeln und für 30 Minuten in den Kühlschrank geben.
3. Den Teig aus dem Kühlschrank nehmen und auf einer leicht mit Mehl bestreuten Oberfläche ausbringen. Den Teig ausrollen, dann in der Mitte umfalten und dann nochmal mittig umfalten. Erneut ausrollen und den Teig ein weiteres Mal umfalten, dann von Neuem in Frischhaltefolie wickeln und wieder 30 Minuten in den Kühlschrank geben.
4. Den Backofen auf 175 °C vorheizen. Den Teig ca. 3 mm dick ausrollen und mit einem Keksausstecher Scheiben von ca. 10 cm Durchmesser ausstechen. Eine Muffinbackform umdrehen und mit Kochspray besprühen. Jeweils ein Teigrund über eine der Muffinmulden stülpen, um es in Schälchenform zu bringen. Die Backform mit dem Teig in den Ofen geben (noch immer umgedreht) und 30 Minuten backen. Herausnehmen und 5 Minuten abkühlen lassen. Dann die Schälchen von der Form heben und auf einem Kuchengitter abkühlen lassen, während Sie die Füllung zubereiten.
5. Die Füllung zubereiten: In einen mittelgroßen Topf den Rhabarber, den Zucker und den Orangensaft vermischen und bei mittlerer Hitze zum Kochen bringen. Die Hitze dann so weit reduzieren, dass das Ganze nur noch siedet, und ohne Deckel ca. 5 Minuten köcheln lassen bzw. so lange, bis der Rhabarber weich und gar ist. Nun die Erdbeeren, die Speisestärke und die Vanille hinzufügen und durchrühren, um alles zu vermischen. Weitere 5 Minuten köcheln lassen, bis die Erdbeeren weich geworden sind und die Mischung merklich eingedickt ist. Abkühlen lassen.
6. Jede Tartelette mit der Erdbeer-Rhabarber-Mischung füllen und mit etwas Schlagsahne krönen.

# Señorita Lolitas Bananen-Flambée

## Inspiriert von ***Damn Yankees*** (1955)

Was immer Señorita Lolita Banana möchte, bekommt sie auch. Und wenn die Verführerin es auf Sie abgesehen hat, ist es nahezu unmöglich, ihr etwas abzuschlagen. Dieses Dessert ist eine feurige, süffige, süße und würzige Version von Lola – und der Teufel weiß, dass es schwer ist, nicht schwach zu werden, sobald diese Köstlichkeit in all ihrer Pracht vor einem steht. Können Sie der Versuchung widerstehen?

1 Esslöffel Kokosnussöl
2 Esslöffel Rohrzucker
½ Teelöffel Vanille
¼ Teelöffel gemahlener Zimt
¼ Teelöffel gemahlene Muskatnuss
2 Bananen, geschält und der Länge nach halbiert
30 ml Rum

ERGIBT: 2 PORTIONEN

1. In einer mittelgroßen Sauteuse bei mittlerer Hitze das Kokosnussöl schmelzen. Den Rohrzucker, die Vanille, den Zimt und die Muskatnuss dazugeben und umrühren. Ca. 30 Sekunden garen bzw. so lange, bis die Zutaten schön duften.
2. Die Bananen hinzufügen und 1 Minute von jeder Seite anbraten, bis sie gebräunt und mit den Gewürzen überzogen sind.
3. Die Pfanne vom Herd nehmen. Den Rum hineingießen und direkt über der Pfanne ein Stabfeuerzeug entzünden; so dicht an den Rum herangehen, bis der Alkohol in Flammen aufgeht. Das Rumfeuer abbrennen lassen.
4. Das Bananen-Flambée mit Eiscreme in einer Schüssel oder einem tiefen Teller servieren.

**TIPP**

Sie sind nicht wirklich der Teufel. Also sehen Sie sich im Umgang mit Feuer vor! Achten Sie darauf, dass die Pfanne auf einer hitzebeständigen Oberfläche steht, weit genug weg vom Herd und allen offenen Behältnissen mit Alkohol. Und wenn Sie statt Streichhölzern ein Stabfeuerzeug verwenden, verhindern Sie so, der Flamme zu nahe zu kommen.

# Wunderschöne Schokoladentrüffel

## Inspiriert von ***My Fair Lady*** (1956)

Eliza Doolittle wünscht sich nichts weiter als die einfachsten Dinge im Leben: ein warmes Zimmer, einen großen Sessel und jede Menge Schokolade. Nun, mit diesem einfachen Rezept kann sie sich so viele extravagante Schokotrüffel zubereiten, wie sie essen kann! Diese dekadenten Leckereien enthalten Goldschläger-Zimtschnaps und sind mit essbarem Blattgold verziert, was sie ausgesprochen edel wirken lässt. Oder sind Sie zu sehr eine Lady, als dass Sie Alkohol in Ihren Trüffeln wünschen? Dann lassen Sie ihn eben weg und geben Sie stattdessen einen Teelöffel Zimt dazu.

200 g Schmand
680 g Schokostückchen (Zartbitter)
2 Esslöffel Goldschläger-Zimtschnaps
Essbares Blattgold oder Goldstreusel, als Garnierung

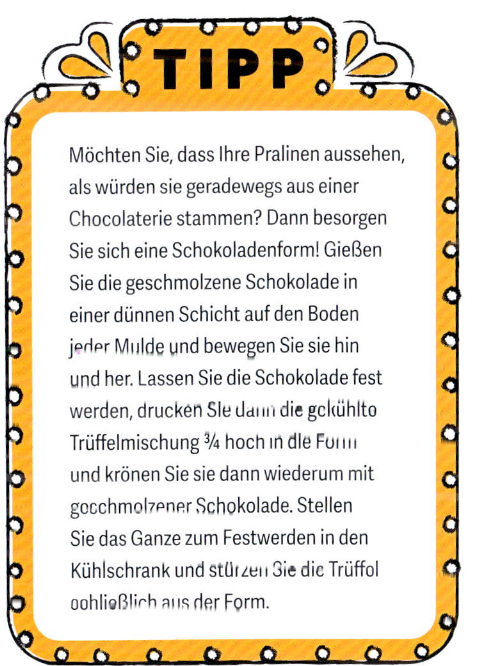

**TIPP**

Möchten Sie, dass Ihre Pralinen aussehen, als würden sie geradewegs aus einer Chocolaterie stammen? Dann besorgen Sie sich eine Schokoladenform! Gießen Sie die geschmolzene Schokolade in einer dünnen Schicht auf den Boden jeder Mulde und bewegen Sie sie hin und her. Lassen Sie die Schokolade fest werden, drucken Sie dann die gekühlte Trüffelmischung ¾ hoch in die Form und krönen Sie sie dann wiederum mit geschmolzener Schokolade. Stellen Sie das Ganze zum Festwerden in den Kühlschrank und stürzen Sie die Trüffel schließlich aus der Form.

**ERGIBT: CA. 30 TRÜFFEL**

1. In einem mittelgroßen Topf bei niedriger bis mittlerer Hitze den Schmand erwärmen, bis er leicht köchelt.
2. Den Herd ausschalten und langsam 340 g der Schokostückchen hineingeben. So lange rühren, bis die Schokolade komplett geschmolzen und das Ganze glatt und geschmeidig ist (ca. 1 Minute). Den Goldschläger-Zimtschnaps dazugeben und weiterrühren, bis alles gut miteinander vermischt ist.
3. Die Schokomischung in eine mit Wachspapier ausgelegte Kuchenform oder in eine flache Kasserolle geben. Zum Abkühlen für 1 Stunde in den Kühlschrank stellen bzw. so lange, bis die Schokolade zwar schon fest, aber noch gut mit einem Löffel portionierbar ist.
4. Die Trüffelmischung aus dem Kühlschrank nehmen und einen gehäuften Teelöffel davon abnehmen. Zu einer Kugel formen und auf einen mit Wachspapier ausgelegten Teller geben. Dies mit der restlichen Mischung wiederholen. Die Trüffelkugeln dann 30 Minuten im Kühlschrank kaltstellen.
5. In einem Wasserbad bei mittlerer Hitze unter häufigem Rühren die restliche Schokolade erwärmen, bis sie geschmolzen und geschmeidig ist.
6. Die Trüffelkugeln aus dem Kühlschrank nehmen und so in die geschmolzene Schokolade tauchen, dass jeder Trüffel ringsum mit Schokolade überzogen ist. Die tropfenden Trüffel auf einen mit Wachspapier ausgelegten Teller oder ein mit Wachspapier ausgelegtes Backblech legen und jeweils mit einem kleinen Stückchen essbarem Blattgold oder einigen Goldstreuseln verzieren. Vor dem Verzehr vollständig aushärten lassen.

# Officer Krupcakes

## Inspiriert von ***West Side Story*** (1957)

Obwohl die Jets sich eigentlich lieber um ihre eigenen Angelegenheiten kümmern sollten, lassen sie stattdessen mit einer langen Shownummer Dampf ab, in der sie sich über den örtlichen Polizeibeamten, Officer Krupke, lustig machen. Der Song sorgt beim Publikum für kurzweilige Erheiterung, bevor das Musical weiter auf sein tragisches Ende zusteuert. Zu Ehren des bedauernswerten Officer Krupke bereiten wir einige Cupcakes zu, die jeder altmodische Cop garantiert zu schätzen wüsste: mit Kaffeegeschmack und gekrönt von einem Donut!

**FÜR DIE CUPCAKES**

4 Esslöffel Instantkaffeepulver
360 ml Vollmilch
200 g Allzweckmehl
400 g Zucker
110 g ungesüßtes Kakaopulver
1 Teelöffel Backnatron
1 Teelöffel Backpulver
½ Teelöffel Salz
160 ml Speiseöl
2 Teelöffel Vanille
2 Eier

**FÜR DIE CREMEFÜLLUNG**

120 g Backfett
120 g ungesalzene Butter
440 g Puderzucker
1 Teelöffel Vanilleextrakt
2 Esslöffel Vollmilch

**FÜR DEN BUTTERCREME-GUSS**

720 g ungesalzene Butter
660 g Puderzucker
2 Teelöffel Vanille
¼ Teelöffel Salz

**FÜR DIE GARNITUR**

24 Minidonuts

ERGIBT: 24 CUPCAKES

1. Die Cupcakes zubereiten: Den Backofen auf 175 °C vorheizen und Cupcake-Formen mit Papierförmchen vorbereiten. (Blaue Papierförmchen erinnern an die Farbe von amerikanischen Polizeiuniformen.)
2. In einer kleinen Schüssel das Instantkaffeepulver mit der Milch verrühren.
3. Das Mehl, den Zucker, das Kakaopulver, das Backnatron, das Backpulver und das Salz in eine große Rührschüssel sieben. Das Kaffeepulver, das Öl und die Vanille hinzufügen.
4. Auf niedriger Stufe mit dem Mixer vermengen, bis alles gut vermischt ist, dann für 2 Minuten bei mittlerer Geschwindigkeit vermischen. Eins nach dem anderen die Eier dazugeben, zwischen den Zugaben jeweils gut durchmixen und anschließend noch 2 Minuten länger.
5. Jedes Papierförmchen zur Hälfte mit der Cupcake-Mischung füllen.
6. Ca. 22 Minuten backen bzw. so lange, bis ein Zahnstocher, den man in die Mitte eines Cupcakes pikt, beim Herausziehen sauber bleibt. In den Formen 5 Minuten abkühlen lassen, dann zum vollständigen Auskühlen auf ein Kuchengitter geben.
7. Die Cremefüllung zubereiten: Das Backfett und die Butter in einem Mixer so lange zusammen schlagen, bis das Ganze geschmeidig ist. Nach und nach den Puderzucker dazugeben (jeweils 55 g zurzeit); dabei darauf achten, dass der Puderzucker erst gründlich eingearbeitet wird, bevor Sie den nächsten Schwung hinzufügen. Anschließend die Vanille und die Milch dazugeben und 2 Minuten mixen bzw. so lange, bis die Mischung leicht und fluffig ist. In einen Spritzbeutel mit einer kleinen Gebäcktülle füllen.
8. In die Mitte jedes Cupcakes mit einem Löffel eine kleine, kreisrunde Vertiefung machen. In jede Vertiefung die Cremefüllung spritzen.
9. Den Buttercreme-Guss zubereiten: Die ungesalzene Butter in einem Mixer leicht und fluffig schlagen. Langsam (immer jeweils 55 g zurzeit) den Puderzucker hinzufügen; zwischendurch immer gründlich mixen. Die Vanille und das Salz dazugeben und weitere 2 Minuten mixen bzw. so lange, bis Sie einen leichten, fluffigen, dickflüssigen Buttercreme-Guss erhalten. Den Guss in einen Spritzbeutel mit großer Tülle geben.
10. Jeden Cupcake mit dem Guss überziehen und mit einem Minidonut krönen.

POLICE
JUSTICE
OFFICER

# Kaffeepausenkuchen

## Inspiriert von ***Wie man Karriere macht, ohne sich anzustrengen*** (1961)

Es hört sich vielleicht ein wenig extrem an, aber die Menschen mit einem Neun-bis-fünf-Job wissen, dass das Einzige, das einen manchmal am Laufen hält, der Gedanke an die nächste Kaffeepause ist. Versüßen Sie sich Ihre Pausen doch mit diesem Kuchen, der von Rezepten aus den 1950er Jahren inspiriert ist, mit einer Extraschicht Zimt und Gewürze in der Mitte. Backen Sie ihn und nehmen Sie ihn mit ins Büro – das wird Ihnen garantiert dabei helfen, die Karriereleiter ein paar Stufen höher zu klettern!

### FÜR DEN KUCHEN

2 Esslöffel Zucker zzgl. 100 g
1 Teelöffel gemahlener Zimt
¼ Teelöffel gemahlene Muskatnuss
¼ Teelöffel gemahlener Ingwer
2 Esslöffel geschmolzene ungesalzene Butter
120 ml Kochsahne
1 Ei
1 Teelöffel Vanille
100 g Allzweckmehl
½ Teelöffel Salz
2 Teelöffel Backpulver

### FÜR DAS STREUSEL-TOPPING

1 Esslöffel Rohrzucker
¼ Teelöffel Zimt
2 Esslöffel Mehl
1 Esslöffel gesalzene kalte Butter, in Würfeln

### ERGIBT: 9 STÜCKE KAFFEEPAUSENKUCHEN

1. Den Backofen auf 175 °C vorheizen und eine quadratische Backform (20 x 20 cm) mit Butter einfetten.
2. Den Kuchen zubereiten: 2 Esslöffel Zucker, den Zimt, die Muskatnuss und den Ingwer in einer kleinen Schüssel vermengen und beiseitestellen.
3. In einer mittelgroßen Schüssel so lange die geschmolzene Butter, 100 g Zucker, die Kochsahne, das Ei und die Vanille miteinander vermischen, bis das Ei komplett geschlagen ist.
4. Das Mehl, das Salz und das Backpulver sieben, vermischen und zu den feuchten Zutaten geben. Alles gründlich miteinander vermengen.
5. Die Hälfte des Kuchenteigs ebenmäßig auf dem Boden der Backform verteilen, die Oberseite glattstreichen und gleichmäßig mit der Gewürzmischung bestreuen. Den übrigen Kuchenteig darauf verteilen.
6. Das Streusel-Topping zubereiten: Den Rohrzucker, das Zimt, das Mehl und die Butter miteinander vermengen. Das Ganze mit den Händen zerbröseln, um kleine Klumpen und Krümel zu erhalten. Das Topping gleichmäßig oben auf den Kuchenteig sprenkeln.
7. 30 Minuten im Ofen backen bzw. so lange, bis ein Zahnstocher, den man in den Kuchen pikt, beim Herausziehen sauber bleibt.
8. Abkühlen lassen und in Rechtecke schneiden. Mit einem dampfenden Becher starkem Kaffee servieren.

# Ein Ananas-Parfait für dich!

## Inspiriert von *Cabaret* (1966)

Es heißt zwar, Diamanten wären die besten Freunde eines Mädchens – dabei kann eine Ananas so viel mehr aussagen! Besonders im Jahre 1931 in Berlin, als diese Frucht selten und extrem teuer war. Teilen Sie dieses köstliche Ananas-Parfait mit jemandem, den Sie lieben. Deutlicher als hiermit kann man seine Gefühle nicht zum Ausdruck bringen!

250 g Schmand
3 Esslöffel Puderzucker
500 g Ananasstücke (aus der Dose)
500 ml Vanilleeis
2 Vollkornkekse, zerbröselt
2 Maraschinokirschen

ERGIBT: 2 PARFAITS

1. Die Schlagsahne in die gekühlte Rührschüssel eines Standmixers mit Schneebesen geben und auf niedriger Stufe schlagen. Langsam, nach und nach, den Puderzucker und 1 Esslöffel Saft aus der Dose mit den Ananasstücken hinzufügen. Allmählich die Geschwindigkeit auf hoch steigern, bis sich mittelgroße, feste Spitzen formen. Beiseitestellen.
2. Die Dose mit den Ananasstücken abgießen.
3. Eine Kugel Eiscreme in jeden der beiden Parfait-Becher geben.
4. Jeweils 2 Esslöffel Ananasstücke auf das Eis geben, dann einen Esslöffel zerbröselte Vollkornkekse, dann einen Löffel Ananas-Schlagsahne.
5. Das Ganze mit einer weiteren Kugel Eis wiederholen, gefolgt von der Ananas, den Keksbröseln und der Schlagsahne. Anschließend mit Schlagsahne abschließen und jeweils mit einer Maraschinokirsche krönen.

**TIPP**

Sie haben keinen Mixer? Dann nehmen Sie doch einfach ein Einweckglas! Geben Sie die Sahne, den Puderzucker und den Ananassaft in ein gekühltes Einweckglas, schrauben Sie den Deckel zu und schütteln Sie das Ganze ca. 5 Minute lang, bis der Inhalt schließlich cremig wird.

# Sandys Kekse

## Inspiriert von ***Grease*** (1972)

Die arme Sandy. Sie hat ihre moralischen Grundsätze, die an ihrer neuen Schule jedoch arg auf die Probe gestellt werden. Während Sandy versucht, sich darüber klar zu werden, ob sie auch weiterhin puritanisch und sittsam bleiben oder sich doch lieber eine Lederjacke überstreifen und ordentlich Schminke auflegen soll, schlagen wir vor, dass Sie als Nachmittagssnack diese Kekse zubereiten, eine Variante klassischer Sandplätzchen, basierend auf der reinen, süßen, unkomplizierten Version von Sandy, die wir zu Beginn der Show sehen. Fügen Sie noch ein paar pastellfarbene Streusel und weiße Schokolade hinzu, um dem Ganzen ein wenig mehr Flair zu verleihen. Aber vergessen Sie nicht: Sandy ist »zu rein, um pink zu sein«!

240 g ungesalzene Butter, aufgeweicht
50 g Zucker
1 Teelöffel Vanille
Prise Salz
200 g Allzweckmehl
240 g Pekannüsse, fein gehackt
Weiße und gelbe Streusel, als Garnierung
160 ml weiße Schokostückchen
2 Tropfen gelbe Lebensmittelfarbe (oder Farbe nach Belieben)

**ERGIBT: 36 KEKSE**

1. Den Backofen auf 175 °C vorheizen und ein Backblech mit Backpapier auslegen.
2. Die Butter und den Zucker so lange miteinander vermengen, bis das Ganze schön geschmeidig ist. Die Vanille und das Salz hinzufügen und vermischen. Langsam das Mehl, die Pekannüsse und die Streusel dazugeben, bis alles gründlich miteinander vermengt ist.
3. Den Keksteig zu ca. 3 cm großen Kugeln formen. Mit jeweils 3 cm Abstand auf das Backblech geben und jeden Keks ein bisschen flachdrücken.
4. Ca. 11 bis 14 Minuten backen bzw. so lange, bis die Kekse sehr leicht gebräunt sind. Auf dem Backblech 5 Minuten abkühlen lassen, dann zum vollständigen Abkühlen auf ein Kuchengitter geben.
5. In einer kleinen Schüssel in der Mikrowelle in 30-Sekunden-Schüben die weißen Schokostückchen schmelzen, zwischendurch umrühren. Sobald die Schokolade geschmolzen ist, zwei Tropfen gelbe Lebensmittelfarbe einrühren, damit das Ganze pastellgelb wird. Jeden Keks zur Hälfte in die flüssige Schokolade tauchen und auf Wachspapier vollständig trocknen lassen.

# Engelsgleiche Erdbeerschnitten

## Inspiriert von ***Das Phantom der Oper*** (1988)

Christine hört mal wieder Stimmen, und diesmal sagen sie ihr, dass sie in die Küche gehen und süße, engelsgleiche Erdbeerschnitten backen soll. Diese im besten Sinne theatralische Nachspeise besteht auf Tortenböden, die mit Haselnusslikör-Sirup getränkt, mit Erdbeer-Buttercreme bestrichen und mit Schokolade glasiert sind. Das holt selbst den stabilsten Kronleuchter von der Decke!

**FÜR DEN KUCHEN**
30 g Puderzucker
50 g Allzweckmehl
1 Esslöffel Speisestärke
6 Eiweiß
¾ Teelöffel Weinstein
1 Teelöffel Vanille
½ Teelöffel Salz
100 g Zucker

**FÜR DEN HASELNUSSLIKÖR-SIRUP**
200 g Zucker
240 ml Wasser
80 ml Haselnusslikör

**FÜR DIE ERDBEER-BUTTERCREME**
120 g ungesalzene Butter
½ Teelöffel Vanille
⅛ Teelöffel Salz
70 g Erdbeermarmelade
220 g Puderzucker

**FÜR DIE SCHOKOLADENGLASUR**
170 g Schokostückchen (Zartbitter)
120 g ungesalzene Butter

ERGIBT: 6 ERDBEERSCHNITTEN

1. Den Kuchen zubereiten: Den Backofen auf 160 °C vorheizen und eine nicht eingefettete Kastenform bereitstellen. (Der Kuchen soll an der Form kleben, daher besteht kein Anlass, sie einzufetten oder mit irgendwas auszulegen.)
2. Den Puderzucker, das Mehl und die Speisestärke in eine kleine Schüssel sieben. Beiseitestellen.
3. Das Eiweiß, den Weinstein, die Vanille und das Salz in die Schüssel eines Mixers mit Schneebesen geben. Für 30 Sekunden auf hoher Stufe schlagen.
4. Langsam den Zucker hinzufügen, während Sie die Eiweiß-Mixtur weiter schlagen. Auf niedriger Stufe schlagen, bis der Zucker eingearbeitet ist, und dann mit hoher Geschwindigkeit, bis sich steife Spitzen formen.
5. Mit einem Pfannenwender die Mehlmixtur in das Eiweiß einarbeiten, bis alles gründlich miteinander vermengt ist.
6. Den Teig in die Kastenform geben und gleichmäßig verteilen. Ca. 35 bis 40 Minuten im vorgeheizten Ofen backen bzw. so lange, bis die Oberseite leicht gebräunt ist.
7. Die Form jetzt auf den Kopf stellen; die Griffe der Kastenform dabei auf zwei gleichhohen Dosen oder anderen Gefäßen abstützen. So für 1 Stunde abkühlen lassen. In dieser Zeit die verschiedenen Füllungen zubereiten.

*Fortsetzung auf S. 100*

## ENGELSGLEICHE ERDBEERSCHNITTEN (FORTSETZUNG)

8. Den Haselnusslikör-Sirup herstellen: In einem kleinen Topf bei mittlerer Hitze den Zucker und das Wasser miteinander vermischen. Unter häufigem Rühren erwärmen, bis sich der Zucker aufgelöst hat und das Ganze merklich eingedickt ist (ca. 4 bis 5 Minuten). Vom Herd nehmen. Den Likör dazugeben und einrühren.
9. Die Erdbeer-Buttercreme zubereiten: Die ungesalzene Butter in der Schüssel eines Standmixers glatt und cremig schlagen. Die Vanille, das Salz und die Marmelade dazugeben und bei hoher Geschwindigkeit leicht und fluffig schlagen (ca. 2 Minuten). Jeweils 110 g Puderzucker zurzeit hinzufügen und zwischendurch gut durcharbeiten, um alles zu vermengen. Das Ganze ca. 5 Minuten lang mixen.
10. Mit einem Brotmesser an den Innenseiten der Kastenform entlangfahren, um den Kuchen davon zu lösen. Den Kuchen vorsichtig aus der Form nehmen und auf ein Schneidebrett geben. Waagerecht in 3 ca. 1,2 cm dicke Schichten schneiden.
11. Den Kuchen zusammenfügen: Eine Kuchenschicht auf einen Teller legen und mit dem Haselnusslikör-Sirup bestreichen. Die Hälfte der Erdbeer-Buttercreme auf der Sirup-Kuchenschicht verstreichen, dann eine weitere Kuchenschicht darauflegen. Die zweite Schicht wiederum mit dem Sirup bepinseln, die restliche Erdbeermarmelade darauf verteilen und dann die letzte Kuchenschicht darauf platzieren. Das Ganze noch einmal mit dem übrigen Sirup und der anderen Hälfte der Buttercreme wiederholen. Für 30 Minuten in den Kühlschrank geben, damit der Kuchen abkühlen und fest werden kann.
12. Die Schokoladenglasur zubereiten: In einem Wasserbad bei mittlerer Hitze die Schokolade und die Butter schmelzen und umrühren, bis das Ganze vollständig vermischt und geschmeidig ist.
13. Den Kuchen aus dem Kühlschrank nehmen. Die Glasur über die Oberseite gießen und mit einem Messer bis zu den Rändern streichen, um eine glatte, ebenmäßige Oberfläche zu bekommen. Erneut in den Kühlschrank geben, bis die Glasur fest geworden ist (ca. 1 Stunde). Die Seiten des Kuchens trimmen, um etwaige verschüttete Glasurtropfen zu entfernen und dafür zu sorgen, dass man die einzelnen, wunderschönen Schichten erkennt. In 6 gleich große Stücke schneiden und servieren.

# Honig, Honig

## Inspiriert von ***Mamma Mia*** (2001)

1979: Was für ein Abend! Ich habe Lokma (oder Loukoumades) gemacht, eine traditionelle griechische Süßspeise aus frittierten, mit Honig getränkten Krapfen, und, na ja, sagen wir einfach, sie sind so gut wie »Punkt, Punkt, Punkt«. Dieses Rezept ist echt ein Hit. Ich weiß es. So sicher war ich mir noch nie. Dies ist mein neues Lieblingsdessert!

4½ Teelöffel aktive Trockenhefe
240 ml warmes Wasser
240 ml warme Vollmilch
2 Esslöffel Zucker
1 Teelöffel Salz
1 Teelöffel Vanille
350 g Mehl
230 g Honig
1 Esslöffel Wasser
Pflanzenöl zum Frittieren sowie noch etwas mehr zum Portionieren
2 Teelöffel Zimt
Geröstete Sesamsaat, als Garnierung (optional)

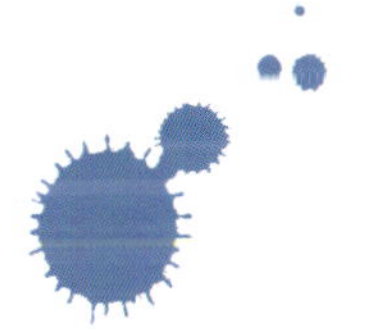

### ERGIBT: 35 LOUKOUMADES

1. Die Hefe und das warme Wasser vermischen und 5 Minuten ruhen lassen bzw. so lange, bis die Hefe langsam anfängt zu schäumen.
2. In der Schüssel Ihres Standmixers die Milch, den Zucker, das Salz und die Vanille miteinander vermengen. Anschließend die Hefe-Mixtur dazugeben und weiter durcharbeiten. Langsam, immer 100 g auf einmal, das Mehl hinzufügen und so lange mixen, bis ein Teig entsteht.
3. Die Rührschüssel abdecken und 1 Stunde ruhen lassen bzw. so lange, bis der Teig doppelt so groß ist wie zuvor.
4. In einem kleine Topf bei mittlerer bis großer Hitze für 5 Minuten den Honig mit 1 Esslöffel Wasser erwärmen. Dann den Herd ausschalten und den Topf vom Herd nehmen, um das Ganze ein wenig abkühlen zu lassen.
5. Den Boden eines großen, schweren Kochtopfs oder eines Schmortopfs ca. 5 cm hoch mit Öl füllen und auf 180 °C erhitzen.
6. Etwas Pflanzenöl in eine Schüssel gießen und einen Esslöffel in das Öl tauchen. Mit dem eingeölten Löffel eine Portion Teig aufnehmen, den Teig mit den Fingern zu einem groben Ball formen und dann vorsichtig in das heiße Öl fallen lassen. Dies mit dem übrigen Teig wiederholen; dabei darauf achten, nicht zu viele Teigbällchen zugleich in den Topf zu geben! Zudem aufpassen, wann Sie welche Teigbällchen ins Öl gegeben haben – Sie wollen jedes Bällchen unter regelmäßigem Rühren 2 bis 3 Minuten frittieren, bis sie ringsum goldbraun sind. Die fertigen Loukoumades zum Abtropfen auf einen großen, mit Küchenpapier ausgelegten Teller oder ein mit Küchenpapier ausgelegtes Backblech geben.
7. Die frittierten Loukoumades auf einen großen Servierteller geben und großzügig mit dem Honigsirup bepinseln. Mit dem Zimt und (falls verwendet) der Sesamsaat bestreuen und warm servieren.

# Große, blendende Blondies

## Inspiriert von *Hairspray* (2002)

Sich *Hairspray* anzusehen ist so, als würde man sein Lieblingsdessert essen: Hinterher ist man fröhlich, satt und voller Zucker. Daran hat der Song »Breit, blond und blendend« großen Anteil, der Dank all der Verweise auf Essen dafür sorgt, dass man sich anschließend schön, stark und hungrig fühlt. Genießen Sie diese großen Pekannuss-Blondies mit Schokoladenwirbel – das essbare Äquivalent zu diesem zuckersüßen Song.

Butter zum Einfetten zzgl. 120 g
Mehl zum Bestäuben zzgl. 100 g
½ Teelöffel Salz
150 g Rohrzucker
1 Ei
1½ Teelöffel Vanille
60 g gehackte Pekannüsse
80 g Zartbitterschokolade

ERGIBT: 9 GROSSE, BLENDENDE BLONDIES

1. Den Backofen auf 175 °C vorheizen, und eine Backform (20 x 20 cm) mit Butter einfetten. Mit Mehl bestäuben und den Überschuss ausklopfen.
2. In einer kleinen Schüssel die 100 g Mehl und das Salz vermischen. Beiseitestellen.
3. Die Butter und den Zucker in eine große Rührschüssel geben und mit dem Mixer durcharbeiten, um alles gut miteinander zu vermischen. Das Ei und die Vanille hinzufügen und mixen, bis das Ganze gründlich vermengt ist.
4. Die Mehlmischung langsam zu den feuchten Zutaten geben und grob mixen, um alles zu vermengen. Die gehackten Pekannüsse unterheben.
5. Den Teig gleichmäßig in die Backform geben.
6. In der Mikrowelle in 30-Sekunden-Schüben die Schokolade schmelzen, bis sie geschmeidig ist; dabei zwischendurch jedes Mal umrühren.
7. Die flüssige Schokolade in langen Linien quer über den Teig träufeln. Dann verwirbeln, indem Sie ein Buttermesser lotrecht zu den Linien durch die Schokolade ziehen.
8. 25 Minuten backen bzw. so lange, bis ein Zahnstocher, den man in die Mitte pikt, beim Herausziehen sauber bleibt. Auf einem Kuchengitter abkühlen lassen und dann in 9 gleich große Blondies-Stücke schneiden.
9. Genießen Sie das ganze verdammte Festmahl!

TIPP

Falls Ihnen der Sinn nicht nach einem großen Blondie steht, können Sie ihn auch in 16 kleine Rechtecke schneiden. Aber wo bleibt da der Spaß?

# Piragua, Piragua

## Inspiriert von ***In the Heights*** (2008)

Hätten wir doch nur alle den Optimismus und die Arbeitsmoral des Piragua-Mannes, der sein frisch geschabtes Eis selbst an den heißesten Tagen verkauft und dafür sorgt, dass alle schön cool bleiben, als der Mister Softee-Eiswagen auf mysteriöse Weise kaputtgeht. Selbst wenn Sie keinen Piragua-Wagen haben, können Sie bei sich daheim in der Küche eine köstliche Mango-Erdbeer-Piragua zubereiten. Versuchen Sie nur nicht, einen eigenen Stand damit aufzumachen. Denn dies ist seine Stadt!

- 1 Mango, geschält und entkernt
- 5 große Erdbeeren, entstielt
- 200 g Zucker
- 240 ml Wasser
- 1 Esslöffel Zitronensaft
- 6 bis 8 Eiswürfel

**ERGIBT: 1 PIRAGUA**

1. Die Mango, die Erdbeeren, den Zucker, das Wasser und den Zitronensaft in einen Standmixer geben. Durcharbeiten, bis alles schön geschmeidig ist.
2. Das Fruchtpüree in einen kleinen Topf geben und zum Kochen bringen. Die Hitze auf mittel bis niedrig reduzieren und 10 Minuten köcheln lassen.
3. Den Fruchtsirup etwas abkühlen lassen und dann in ein Einweckglas gießen. In den Kühlschrank geben, bis der Sirup vollständig abgekühlt ist.
4. Eiswürfel in einen Shaved-Ice-Maker oder in einen Standmixer geben und durcharbeiten, bis das Eis komplett zerkleinert ist. Das Eis in einem Becher mit niedrigem Rand oder einer Schüssel zu einer Pyramide türmen.
5. 60 ml Fruchtsirup über die Seiten und oben auf die Eispyramide tröpfeln. Mit Löffel und Strohhalm servieren.

# Unheimliche Mormonenhöllen-Cremekrapfen

## Inspiriert von ***The Book of Mormon*** (2011)

Hallo! Haben Sie schon mal vom Buch der Mormonen gehört? Gut möglich, dass dieser Wälzer das Einzige ist, das Sie vor Ihrem persönlichen unheimlichen Mormonenhöllen-Albtraum retten kann! Sollten Sie zufällig gerade kein Exemplar zur Hand haben, versuchen Sie es stattdessen doch damit, Ihre Zähne in einen dieser köstlichen Donuts zu graben. Verdammt, reißen Sie sich gefälligst zusammen und essen Sie zwei. Oder vier. Denn diese Dinger sind fast so gut wie ein Besuch in Orlando!

### FÜR DIE DONUTS

2¼ Teelöffel aktive Trockenhefe
120 ml warmes Wasser
120 ml warme Vollmilch
70 g Zucker
2 Eier
1 Teelöffel Salz
120 g ungesalzene Butter, aufgeweicht
400 g Brotmehl
Rapsöl, zum Frittieren

### FÜR DIE CREMEFÜLLUNG

60 g Backfett
60 g Butter
220 g Puderzucker
½ Teelöffel Vanilleextrakt
1 Esslöffel Vollmilch

### FÜR DIE AHORNGLASUR

220 g Puderzucker
120 ml reiner Ahornsirup
¼ Teelöffel Vanille
¼ Teelöffel Salz
1 Esslöffel heißes Wasser

### ERGIBT: 12 DONUTS

1. Die Hefe, das Wasser und die Milch miteinander verquirlen und 5 Minuten ruhen lassen bzw. so lange, bis die Hefe schäumt. Den Zucker, die Eier und das Salz einquirlen.
2. Das Mehl nach und nach, immer 100 g zurzeit, zu den feuchten Zutaten geben; dabei zwischendurch jedes Mal gut durcharbeiten, um alles gründlich miteinander zu vermischen. Die aufgeweichte Butter einarbeiten und durchmischen, bis alles gut vermengt ist.
3. Den Teig ca. 5 Minuten lang auf einem leicht mit Mehl bestäubten Schneidebrett kneten. In eine eingefettete Schüssel geben und mit Frischhaltefolie abdecken. Ruhen lassen, bis der Teig seine Größe verdoppelt hat (ca. 90 Minuten).
4. Den Teig niederschlagen und auf einer mit Mehl bestreuten Oberfläche zu einem großen Rechteck formen. Den Teig zu einem Rechteck mit den Maßen 20 x 30 cm ausrollen und in 12 kleine, rechteckige Riegel schneiden.
5. Die Riegel auf ein mit Backpapier ausgelegtes Backblech legen; dabei zwischen den einzelnen Riegeln jeweils 1 cm Abstand lassen. Locker mit Frischhaltefolie abdecken und 1 Stunde aufgehen lassen.
6. Einen großen, schweren Kochtopf oder einen Schmortopf ca. 5 cm hoch mit Rapsöl füllen und auf ca. 190 °C erhitzen. Behutsam die Donuts in das Öl geben, immer zwei auf einmal, und 1 Minute von jeder Seite frittieren bzw. so lange, bis sie goldbraun sind. Mit einem Pfannenwender oder einer Küchenzange herausnehmen und die frittierten Donuts zum Abtropfen und Abkühlen auf Küchenpapier legen.
7. In der Zwischenzeit die Cremefüllung zubereiten: Hierzu mit einem Mixer das Backfett und die Butter miteinander vermengen und so lange mixen, bis das Ganze glatt und cremig ist. Dann nach und nach (immer 55 g auf einmal) den Puderzucker dazugeben und darauf achten, dass der Puderzucker jeweils vollständig eingearbeitet ist, bevor Sie den nächsten Schwung hinzufügen. Die Vanille und die Milch dazugeben und für 2 Minuten mixen bzw. so lange, bis die Mischung leicht und fluffig ist. In einen Spritzbeutel mit einer kleinen Gebäcktülle geben.
8. Eine kleine »Tasche« in jeden Donut machen, indem Sie mit einem kleinen, scharfen Messer mittig in eine der Seiten stechen. Die Gebäcktülle in dieses Loch einfügen und die Creme in den Donut spritzen.
9. Die Ahornglasur zubereiten. Die Zutaten für die Glasur in einer großen Schüssel verquirlen, bis das Ganze glatt und geschmeidig ist. Die Spitze jedes Donuts in die Glasur tauchen und den Überschuss in die Schüssel zurückfließen lassen. Den Donut wenden und auf einen Teller legen, bis die Glasur fest geworden ist (ca. 10 Minuten). Soll die Glasur dicker und »blickdichter« sein, die Donuts ein zweites Mal in die Schüssel tauchen.

# Sugardaddys Honigbiskuitrolle

## Inspiriert von ***Hedwig and the Angry Inch*** (2014)

Wenn Hedwig davon singt, zu tropfen wie eine Honigwabe, ist sie in Wahrheit bloß ganz aufgeregt, weil sie ein Stück klebrige, süße Honigbiskuitrolle essen kann, richtig? Wie auch immer, dieser Kuchen – inspiriert vom Text ihres Songs, ihren herrlichen goldenen Locken und ihrem farbenfrohen Make-up – wird den Wunsch in Ihnen wecken, vor Begeisterung lauthals Ihr Lieblingslied aus diesem Musical zu schmettern!

**FÜR DEN TEIG**
100 g Allzweckmehl
1 Teelöffel Backpulver
¼ Teelöffel Salz
3 Eier
200 g Zucker
80 ml kaltes Wasser
2 Teelöffel Vanille
Puderzucker, zum Bestäuben

**FÜR DIE HONIGSCHLAGSAHNE-FÜLLUNG**
250 g Schmand
3 Esslöffel Honig
½ Teelöffel Vanille
⅛ Teelöffel Zimt
1 Esslöffel bunte Streusel

**FÜR DAS TOPPING**
Puderzucker
Honig
Bunte Streusel

ERGIBT: 1 HONIGBISKUITROLLE

1. Den Teig zubereiten: Den Backofen auf 190 °C vorheizen. Eine Biskuitform mit Backpapier auslegen, dann das Papier und die Seiten der Form einfetten.
2. In einer kleinen Schüssel das Mehl, das Backpulver und das Salz miteinander vermengen. Beiseitestellen.
3. In einer großen Rührschüssel bei mittlerer Geschwindigkeit die Eier mit einem Hand- oder Standmixer verquirlen, bis das Ei hellgelb und schaumig ist. Den Zucker, das Wasser und die Vanille dazugeben und mixen, um alles zu vermischen.
4. Die feuchten Zutaten zu den trockenen geben und durchmixen.
5. Den Teig in die Form gießen; dabei darauf achten, dass er gleichmäßig bis an alle Seiten reicht. 10 bis 12 Minuten backen bzw. so lange, bis der Kuchen zurückfedert, wenn man ihn leicht eindrückt.
6. Ein sauberes Geschirrtuch mit Puderzucker bestäuben und mit der »gezuckerten« Seite nach unten über die Biskuitform breiten. Das Ganze umdrehen, sodass der Kuchen jetzt auf dem Geschirrtuch ruht. Aus der Form nehmen und das Backpapier entfernen.
7. So lange der Kuchen noch warm ist, behutsam in das Geschirrtuch rollen, um die Biskuitrolle in Form zu bringen. So 10 Minuten abkühlen lassen.
8. In der Zwischenzeit die Honigschlagsahne-Füllung zubereiten: Hierzu den Schmand, den Honig, die Vanille und den Zimt in die gekühlte Rührschüssel eines Standmixers mit Schneebesen-Aufsatz geben. Bei hoher Geschwindigkeit verquirlen, bis sich mittelgroße Spitzen bilden. 1 Esslöffel bunte Streusel einarbeiten.
9. Den Kuchen behutsam aus dem Geschirrtuch rollen und die Oberseite mit der Honigschlagsahne-Füllung bestreichen. Den Kuchen dann zusammenrollen, mit Honig beträufeln und mit Puderzucker und bunten Streuseln bestreuen.

# Dr. Pomatters Marshmallow-Cremetarte

## Inspiriert von *Waitress* (2016)

Es heißt, Ärzte wären klug, aber welcher vernunftbegabte Mensch würde freiwillig auf Zucker verzichten? Diese köstliche Marshmallow-Cremetarte wird garantiert selbst den unbeholfensten Frauenarzt verführen. Seien Sie bereit, sich schockzuverlieben – schon ein einziger Bissen genügt!

- 125 g Allzweckmehl
- ½ Teelöffel Salz
- 2½ Esslöffel Zucker
- 120 g kalte ungesalzene Butter, gewürfelt
- 60 ml kaltes Wasser
- 180 g Mini-Marshmallows
- 1,25 kg Schmand
- 230 g Frischkäse
- 1½ Teelöffel Vanille

## ERGIBT: 1 TARTE (8 STÜCKE)

1. In einer großen Schüssel das Mehl, das Salz und ½ Esslöffel Zucker vermischen. Dann die Butter einarbeiten, bis Sie einen gut vermengten, leicht krümeligen Teig haben.
2. Etwas Wasser über den Teig sprenkeln und mit den Händen kneten, bis der Teig zusammenhält. Sollte er noch immer krümelig sein, noch ein bisschen mehr Wasser dazugeben.
3. Den Teig zu einem Ball formen und dann zu einer Scheibe flachdrücken. In Frischhaltefolie einwickeln und für 1 Stunde in den Kühlschrank geben.
4. Den Backofen auf 220 °C vorheizen.
5. Eine große Oberfläche mit Mehl bestreuen und den Teig kreisrund zu einer Fläche von ca. 30 cm Durchmesser ausrollen. In eine Tarteform geben und nach unten drücken; die Kanten zusammendrücken.
6. Backpapier auf den »Boden« der Tarte legen und mit Murmeln, trockenen Bohnen oder anderen Backgewichten beschweren. (Dies verhindert, dass sich die Kruste aufbläht.) Die Kruste ca. 18 Minuten backen bzw. so lange, bis sie goldbraun ist. Abkühlen lassen.
7. Bei mittlerer bis großer Hitze die Marshmallows und 250 g Schmand in einen mittelgroßen Topf geben. Regelmäßig umrühren, bis die Marshmallows geschmolzen und vollends mit dem Schmand vermengt sind (ca. 3 Minuten). Vom Herd nehmen, dann den Frischkäse und 1 Teelöffel Vanille hinzufügen. Gut durchmischen und abkühlen lassen.
8. Den übrigen Schmand, 2 Esslöffel Zucker und ½ Teelöffel Vanille in eine gekühlte Rührschüssel geben und mit hoher Geschwindigkeit mixen, bis sich Spitzen bilden.
9. Die Hälfte der Schlagsahne in die Marshmallow-Mischung einarbeiten. Die Mixtur dann in die Tarte füllen, gleichmäßig verstreichen und für 2 Stunden in den Kühlschrank geben. Den Rest der Schlagsahne ebenfalls kaltstellen.
10. Mit einem Spritzbeutel den Rest der Schlagsahne auf die Tarte spritzen. Zusammen mit einem Stethoskop servieren.

# A La Mode-Eisbecher

## Inspiriert von *Dear Evan Hansen* (2016)

Wenn Evan Connor beschreibt, wie für ihn ein perfekter Tag aussieht, können wir die Eiscreme schmecken, die Spätfrühlingssonne auf der Haut fühlen und uns den Himmel vorstellen, der sich bis in alle Ewigkeit erstreckt, auch wenn wir wissen, dass diese Freundschaft und dieser vollkommene Tag nichts als Lügen sind. Erleben Sie Ihren persönlichen Zu-gut-um-wahr-zu-sein-Tag mit diesem vom »A La Mode«-Eiswagen und dem Herbstapfel-Obstgarten inspirierten Eisbecher. Teilen Sie ihn doch mit einem Freund, während Sie sich unterhalten und die Aussicht genießen – so, wie Kumpels das eben tun.

**FÜR DAS ZIMTSTRUDEL-EIS**

1 l Vanilleeis

50 g Rohrzucker

1 Teelöffel Zimt

2 Esslöffel gesalzene Butter, geschmolzen

**FÜR DAS APFELKOMPOTT**

1 Esslöffel gesalzene Butter

2 Äpfel, geschält, entkernt und in dünne Scheiben geschnitten

60 ml Wasser

1 Esslöffel Rohrzucker

¼ Teelöffel gemahlener Zimt

¼ Teelöffel gemahlener Ingwer

¼ Teelöffel gemahlener Piment

¼ Teelöffel gemahlene Muskatnuss

**FÜR DAS TOPPING**

Schlagsahne

Gehackte Erdnüsse

ERGIBT: 2 EISBECHER

1. Das Zimtstrudel-Eis zubereiten: Das Eis aus dem Gefrierschrank nehmen und in eine große Schüssel geben.
2. In einer kleinen Schüssel den Rohrzucker, den Zimt und die geschmolzene Butter miteinander vermischen. In die Eiscreme einarbeiten; dabei das Eis mit Wirbeln durchziehen. Das Eis anschließend wieder in das Behältnis geben, in dem es zuvor war, und zurück in den Gefrierschrank stellen.
3. Das Apfelkompott zubereiten: Bei mittlerer Hitze 1 Esslöffel Butter und die Apfelscheiben in einen kleinen Topf geben. Die Äpfel ca. 4 Minuten schmoren lassen bzw. so lange, bis sie aufgeweicht und gar sind.
4. Das Wasser, den Rohrzucker und die Gewürze mit in den Topf geben. Zum Kochen bringen und die Äpfel 5 Minuten schmoren lassen bzw. so lange, bis die Flüssigkeit um die Hälfte einreduziert ist.
5. Jeweils 2 Kugeln Eiscreme in jede von zwei Schüsseln geben. Mit dem Apfelkompott, der Schlagsahne und den Nüssen krönen.

Dear Evan Hansen
It turns out this wasn
to be an amazing
it be?
On I know. Because
Zoe. Who I don't even
maybe if I did. Maybe if I
maybe nothing would be
everything was
I wish that
would

BEWARE
SO FETCH!

# Racheparty-Torte

## Inspiriert von ***Mean Girls*** (2018)

Cady Heron ist drauf und dran, den Plastics eine Dosis von ihrer eigenen Medizin zu verpassen, und zwar mit Hilfe dieser Racheparty-Torte. Verziert mit Zuckerstangen und »blutroter« Ganache schmeckt diese knallpinke Pfefferminztorte so süß wie die Vergeltung. Hoffen wir, dass Sie nicht gerade auf einer High Carb-Diät sind.

**FÜR DIE TORTE**

250 g Mehl
2½ Teelöffel Backpulver
½ Teelöffel Salz
180 g ungesalzene Butter, bei Zimmertemperatur
300 g Zucker
3 Eier, bei Zimmertemperatur
1½ Teelöffel Vanille
2 Teelöffel Pfefferminzextrakt
300 ml Vollmilch
Rosa Gellebensmittelfarbe

**FÜR DIE GLASURSCHICHTEN**

720 g ungesalzene Butter, bei Zimmertemperatur
670 g Puderzucker
2 Teelöffel Vanille
¼ Teelöffel Salz
Rosa Gellebensmittelfarbe
100 g zerbröselte Schoko-Minz-Kekse

**FÜR DIE GANACHE UND DAS TOPPING**

60 g weiße Candy Melts, mit Pfefferminz- oder Vanillegeschmack
60 g Schmand
Rote Gellebensmittelfarbe
Zuckerstangen, zum Verzieren
Roter Glasurstift, zum Verzieren

**ERGIBT: 1 TORTE (8 STÜCKE)**

1. Die Torte zubereiten: Den Backofen auf 175 °C vorheizen. Vier runde Backformen (jeweils 15 cm Durchmesser) einfetten und mit Mehl bestreuen.
2. In einer Schüssel das Mehl, das Backpulver und das Salz miteinander vermischen. Beiseitestellen.
3. Mit einem Mixer die Butter und den Zucker schlagen, bis das Ganze leicht und fluffig ist. Eins nach dem anderen die Eier hinzufügen und immer erst vollständig in den Teig einarbeiten, bevor Sie das nächste dazugeben. Die Vanille und das Pfefferminzextrakt einmixen.
4. Die Hälfte der trockenen Zutaten zu der feuchten Mischung geben und alles gründlich durchmixen. Die Hälfte der Milch hinzufügen und sorgsam einarbeiten. Dies mit den übrigen trockenen Zutaten wiederholen, gefolgt von der restlichen Milch. Die rosa Lebensmittelfarbe einarbeiten (immer ein paar Tropfen zurzeit), bis die Farbe Ihren Vorstellungen entspricht.
5. Ein Viertel des Teigs in jede Form gießen.

*Fortsetzung auf S. 116*

## RACHEPARTY-TORTE (FORTSETZUNG)

6. Ca. 25 bis 30 Minuten backen bzw. so lange, bis ein Zahnstocher, den man in die Mitte pikt, beim Herausziehen sauber bleibt. 10 Minuten in den Formen abkühlen lassen, dann herausnehmen und auf Kuchengittern vollständig auskühlen lassen.
7. Die Zuckerglasur zubereiten: Die ungesalzene Butter mit einem Mixer leicht und fluffig schlagen. Langsam den Puderzucker hinzufügen (immer 55 g zurzeit) und nach jedem Dazugeben gründlich vermischen. Die Vanille und das Salz hinzufügen und 2 Minuten mixen bzw. so lange, bis Sie eine leichte, fluffige, dickflüssige Buttercreme-Glasur haben.
8. Die Glasur auf zwei kleine Schälchen aufteilen. In die eine Schüssel zwei Tropfen lila Gellebensmittelfarbe geben und vermischen. Weiter Lebensmittelfarbe dazugeben (immer nur ein oder zwei Tropfen auf einmal), bis die Glasur die Farbe des Hassbuchs hat. Die Glasur in zwei separate Spritzbeutel mit großen Tüllen geben.
9. Die gerundete Oberseite von jeder Kuchenschicht schneiden, sodass die Schichten flach und ebenmäßig sind. Eine Kuchenschicht auf einen Servierteller legen und weiße Glasur einmal rings um den Rand spritzen. Weiße Glasur in die Mitte des Kuchens geben und gleichmäßig nicht zu dick darauf verstreichen. Die zweite Kuchenschicht darauf legen und genauso verfahren wie eben (also weiße Glasur rings um den Rand und dann in der Mitte verteilen).
10. Die zweite Glasurschicht mit zerbröselten Keksen bestreuen. Die dritte Kuchenschicht oben drauflegen und wiederum mit einer Schicht weißer Glasur verzieren. Schließlich mit der letzten Kuchenschicht krönen.
11. Eine kleine Menge rosa Glasur rings um die Ränder und oben auf die Torte spritzen und gleichmäßig mit einem Pfannenwender verstreichen, um eine Krümel-Ummantelung zu bekommen.
12. Rosa Glasur auf die Seiten der Torte spritzen; fangen Sie dabei unten an und arbeiten Sie sich bis ganz nach oben vor. Die Oberseite der Torte glasieren. Dann die Glasur mit einem Pfannenwender vorsichtig ringsum glattstreichen, um die gesamte Torte gleichmäßig damit zu überziehen.
13. Die »blutige« Ganache zubereiten: In einem kleinen Topf bei niedriger Hitze unter häufigem Rühren zusammen mit dem Schmand die Candy Melts schmelzen; alternativ das Ganze in 15-Sekunden-Stößen in der Mikrowelle erledigen, dabei zwischendurch umrühren. Vom Herd nehmen und so viel rote Lebensmittelfarbe hineinrühren, bis die Ganache blutrot ist.
14. Abkühlen lassen und die Ganache dann in eine Quetschflasche oder in einen Spritzbeutel mit einer sehr feinen Lochtülle geben. Die Ganache ringsum auf den oberen Rand der Torte spritzen und wie Blut an den Seiten herablaufen lassen.
15. In regelmäßigen Abständen große Tupfer der restlichen weißen Glasur rings um den oberen Rand der Torte spritzen. Jeden Glasurtupfer mit einer Zuckerstange verzieren.
16. Falls gewünscht, können Sie mit einem roten Glasurstift entweder »Potthässliche Kuh« oder alternativ Ihre ganz persönliche Rachebotschaft oben auf die Torte schreiben!

5

# PARTYZEIT!

Jetzt, wo Sie wissen, wie man für den Broadway kocht, ist es an der Zeit, die Bühne vorzubereiten, ein letztes Mal Ihre Stichworte durchzugehen und Ihre Freunde zu einer Show einzuladen, die sie niemals wieder vergessen werden. In diesem Kapitel finden Sie einige Ideen für Partys mit Musical-inspirierten Rezepten nebst weiterer Vorschläge für Dekos, Aktivitäten und mehr!

# Tony Awards-Soirée

Heute ist die Nacht der Nächte! Feiern Sie die besten Musicals mit Ihren engsten Freunden! Ermutigen Sie alle, sich so zu kleiden, als würden sie bei den Tony Awards garantiert groß abräumen, und dekorieren Sie alles in Schwarz und Silber. Schwarze und silberne Luftballons, Metallic-Sterne und ein Roter Teppich am Eingang werden Ihrem Esszimmer das nötige festliche Flair verleihen. Falls Sie Programhefte oder Plakate der nominierten Shows haben, verzieren Sie damit die Wände. Sorgen Sie dafür, dass alle da sind, bevor die TV-Live-Übertragung vom Roten Teppich beginnt, damit Ihre Gäste genügend Zeit haben, ihre Stimmzettel und Bingo-Karten auszufüllen.

## ESSEN

- Stellen Sie »Total bedient« (S. 28) und »Süßkartoffelrosetten« (S. 44) als köstliche Appetithäppchen bereit.
- Servieren Sie während der Show »Käse in Sicht« (S. 20) mit einer Auswahl an Dingen zum Dippen.
- Die »Engelsgleichen Erdbeerschnitten« (S. 98) eignen sich wunderbar als Dessert für die zweite Hälfte des Abends.
- Packen Sie einige »Wunderschöne Schokoladentrüffel« (S. 91) in kleine Schachteln als Partygeschenke für Ihre Gäste.

## DRINKS

- »Die schönste Sache der Welt« (S. 81) ist ein Drink, wie geschaffen für den Roten Teppich – gönnen Sie sich ein Schlückchen, während Sie die fabulösen Outfits Ihrer Gäste bewundern.
- Bereiten Sie unmittelbar vor Beginn der Show eine Runde »Noch ein Wodka Stinger« (S. 72) zu. Da Ihr Backup-Drink bereits in Ihrem Glas schmilzt, laufen Sie keine Gefahr, irgendetwas zu verpassen!

## AKTIVITÄTEN

- Laden Sie einen offiziellen Tony Awards-Stimmzettel aus dem Internet herunter. Alle geben vor Beginn der Show ihre Stimme ab. Zählen Sie mit, wie oft jeder richtig liegt – der Gewinner bekommt einen Preis!
- Drucken Sie »leere« Bingo-Karten aus und lassen Sie Ihre Gäste all die Dinge in die Quadrate eintragen, von denen sie glauben, dass sie während der Show passieren werden. Und dann schauen Sie, wer als Erster ein Bingo voll hat! Einige Beispiele hierfür könnten sein:
  - Ein Aufruf an die »Kids, die gerade zuhause zusehen: Das schafft ihr auch!«
  - Bühnenschauspieler machen sich über TV- und Filmstars lustig.
  - Jemand verhaspelt sich bei seinem Intro.
  - Ein Gewinner weint während seiner Dankesrede.
  - Eine Show gewinnt mehr als sechs Preise.
- Führen Sie am Ende des Abends Ihre eigene Preisverleihung durch und verteilen Sie Tony-Attrappen an den Stimmzettel-Gewinner, den Bingo-Sieger und den bestangezogenen Gast.

## MUSIC

- Stellen Sie die größten Hits aus jedem nominierten Musical zusammen und spielen Sie sie, bevor die TV-Übertragung beginnt.

# Aftershow-Party

Sie hatten Ihren letzten Auftritt für heute und jetzt ist es an der Zeit, zusammen mit Ihrer Theaterfamilie zu feiern! Streifen Sie sich eins dieser Schauspieler-T-Shirts über und machen Sie sich bereit, zu singen, zu tanzen und die ganze Nacht über im Erfolg Ihrer Show zu schwelgen.

## ESSEN

- Eröffnen Sie den Abend mit ein paar »Frittier nicht für mich, Argentinien«-Empanadas (S. 23) – nach ihrer letzten Show werden die Darsteller hungrig sein!
- Bereiten Sie große Schüsseln von »Salat, Salat, nichts als Salat« (S. 25) und »Spargelzeit« (S. 57) oder »Mamas ordentlich pfeffrige Bolognese« (S. 59) zu und stellen Sie sie einfach auf den Tisch, sodass sich jeder im Laufe des Abends selbst bedienen kann.
- Backen Sie im Voraus köstliche und nicht allzu aufwendig zuzubereitende Partysnacks wie »Officer Krupcakes« (S. 92) und »Große, blendende Blondies« (S. 104).

## DRINKS

- Erholen Sie sich ein wenig von den Anstrengungen der letzten Show mit ein paar »Joseph and The Amazing Technicolor Dream Throats« (S. 75).
- Mixen Sie als leckeres Schmankerl einen Schwung »Kubanische Milchshakes« (S. 78) mit und ohne Alkohol. Schließlich können Sie jetzt endlich wieder Milchprodukte genießen, ohne sich Sorgen um Ihre Stimme machen zu müssen!
- Bereiten Sie zu Ehren des grünen Zimmers (so nennt man im Theater-Slang den Aufenthaltsraum für Künstler), in dem Sie alle so viel Zeit verbracht haben, eine Runde leuchtend grüne »Der Zauberer und das Eis«-Cocktails (S. 76) zu.

## AKTIVITÄTEN

- Erstellen Sie eine Liste inoffizieller Awards, die Sie im Rahmen einer albernen Zeremonie an Ihre Kollegen verleihen. Dies ist der richtige Moment, um diese ganzen Insider-Witze unterzubringen, die Ihnen auf der Zunge liegen. Wer macht die besten Rückenmassagen? Wer hat hinter der Bühne für die meisten Lacher gesorgt? Wer hatte die treuesten Fans im Publikum? Von wem wollten sich alle beim Schminken helfen lassen?
- Nehmen Sie einen Stapel Plakate Ihrer Show und hängen Sie sie an die Wand, mit der freien Rückseite nach vorne. Schreiben Sie den Namen eines Ensemblemitglieds auf jedes Poster und ermutigen Sie Ihre Gäste, ihre schönsten Erlebnisse und nette Botschaften füreinander aufzuschreiben. Geben Sie die Plakate Ihren Gästen anschließend als Abschiedsgeschenk mit nach Hause, als Erinnerungsstück an diesen unvergleichlichen Abend.
- Haben Sie eine Aufnahme Ihres Auftritts? Dann lassen Sie sie im Hintergrund laufen.

## MUSIK

- Nehmen Sie die Musik Ihrer Show und mischen Sie einige der beliebtesten Musical-Hits darunter, und ehe Sie sich´s versehen, werden alle ausgelassen singen und tanzen. Einige Vorschläge:
  - »Sommerliebe«, *Grease*
  - »Jetzt hast du Seymour«, *Der kleine Horrorladen*
  - »Frei und schwerelos«, Wicked – *Die Hexen von Oz*
  - »All der Jazz«, *Chicago*
  - »Jahreszeiten der Liebe«, *Rent*
  - »Noch ein Tag«, *Les Misérables*
  - »Niemand stoppt den Beat«, *Hairspray*
  - »Erinnerung«, *Cats*
  - »Wir helfen dir«, *Dear Evan Hansen*
  - »In meiner Welt«, *Aladdin*

# Matinée-Brunch

Wollen Sie zu einer Matinée? Dann laden Sie Ihre Freunde vor der Show doch zu einem extravaganten Brunch ein! Lassen Sie sie in ihren elegantesten Outfits erscheinen, damit Sie anschließend alle im Theater ordentlich Eindruck schinden. Dekorieren Sie Ihr Zuhause mit frischgeschnittenen Blumen und decken Sie den Tisch mit Ihrem schönsten Geschirr und Ihren besten Stoffservietten.

## APPETIZER

- Bereiten Sie diese Gerichte am Vorabend zu und stellen Sie alles bereit, unmittelbar bevor der Brunch beginnt. Auf diese Weise haben Sie und Ihre Gäste schon mal etwas zu mampfen, während Sie bei den Hauptgängen letzte Hand anlegen.
- Steht Ihnen der Sinn nach etwas Fruchtigem? Dann reichen Sie doch »Eine sonnige Butterkugel« (S. 40) und »Lady Marmelade« (S. 48).
- Mögen Sie es lieber herzhaft? Servieren Sie »Alle lieben Bialy« (S. 26) und »Aufstrich muss sein!« (S. 43) und reichen Sie dazu Zwiebeln, Kapern und Räucherlachs.

## HAUPTGERICHTE

- »Neufundland-Toutons« (S. 67). Legen Sie die zubereiteten Toutons mit Zangen auf einem Serviertablett und arrangieren Sie darum herum verschiedene Toppings wie z. B. Ahornsirup, Melasse, Puderzucker, frisch aufgeschnittenes Obst und Schlagsahne. Zusammen mit dem Frühstücksspeck servieren, den Sie im Rahmen dieses Rezepts angebraten haben.
- »Warten aufs Ei« (S. 18). Geben Sie jedem Gast einen eigenen Eierbecher und einen Teller mit Toaststreifen.

## DRINKS

- Mischen Sie Wodka mit »Eine Flasche Sonnenschein« (S. 85) und Orangensaft für ein paar extra fruchtige Screwdriver-Cocktails.
- Bereiten Sie eine Frühstücksvariante des »Alexander-Shots« (S. 82) zu, indem Sie den Shot in einen Kaffeebecher geben und mit etwas zusätzlichem Kaffee aufgießen.

## MUSIK

- Erstellen Sie eine Playlist Ihrer energiegeladensten Musical-Songs über den Morgen und die Sonne. Hier sind einige Beispiele, um die Sache ein bisschen in Schwung zu bringen:
  - »Was für ein herrlicher Morgen«, *Oklahoma!*
  - »Good Morning«, *Singin' in the Rain*
  - »Good Morning Baltimore«, *Hairspray*
  - »Lasst den Sonnenschein in euch hinein«, *Haare*
  - »Don't Rain on My Parade«, *Funny Girl*
  - »Der frühe Vogel«, *Shrek – Das Musical*
  - »Seize the Day«, *Newsies*
  - »Opening Up«, *Waitress*
  - »Put on Your Sunday Clothes«, *Funny Girl*
  - »Bikini Bottom Day«, *Das SpongeBob-Musical*

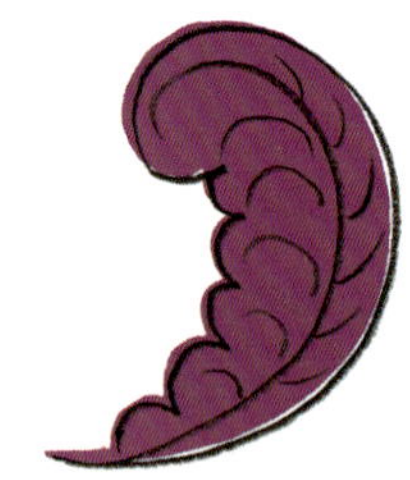

# Vor den Vorhang: Danksagung

Ein großes Dankeschön gebührt dem Hauptdarsteller in meinem Leben, Alexander Theoharis. Du unterstützt meine verrückten Ideen und Passionen, selbst wenn das bedeutet, dass ich monatelang nichts anderes tue, als mir Musicals anzusehen und anzuhören. Du bist mein bester Freund und die Liebe meines Lebens und ich bin unendlich glücklich, jeden einzelnen Tag mit dir verbringen zu dürfen.

Danken möchte ich auch meinen Unterstützerinnen Makenzie Greenblatt und Satabdi Chakrabarti, die immer da sind, um mich anzufeuern und dafür zu sorgen, dass ich nicht vollends durchdrehe, auch wenn sie mit ihren eigenen Leben eigentlich schon genug zu tun haben. Ich genieße die Zeit, die wir miteinander verbringen, unsere Lieblingsmusicals singen und alberne Witze machen, über die außer uns niemand lachen würde. (Und danke dafür, dass ihr mich mitmachen lasst, auch wenn meine mickrige Stimme verglichen mit euren total abkackt!)

Danke Brandon Ivie für dein geballtes Musical-Wissen und deine großartigen Rezeptvorschläge. Ein Dankeschön geht auch an Rhonda Miller und Kristina Horner für eure Ratschläge zu bestimmten Rezepten und wie man sie noch köstlicher und authentischer machen könnte. Dank schulde ich außerdem Drew Barth, Zachary Cohn, Katrina Hamilton, Meagan LaBrasseur und Danielle Sparks, für eure Unterstützung bei den Rezepttiteln.

Mir stand ein ganzes Ensemble an Rezepttestern zur Verfügung, die mir geholfen haben, sicherzustellen, dass jeder diese Speisen und Getränke zubereiten kann: Julia Bokma Parker, Mary Byers, Kaelin Carson, Zachary Cohn, Abbey Conroy, Gabe Conroy, Jenn Godwin, Justin Hammond, Tally Heilke, Joe Homes, David Hudson, Jordon Huppert, Sarah Huppert, Joe Kim, Elizabeth Marcus Moore, Chris Parker, Danielle Sparks, Andreas Theoharis, Roni Theoharis, Gavin Verhey, Lauryl Zenobi und David Zimmermann. Danke euch allen!

Und zu guter Letzt ein großes Dankeschön an meine Lektorin Hilary VandenBroek, an meine Agentin Maria Vicente und an alle bei Insight Editions, die genauso begeistert von der Idee zu diesem Projekt waren wie ich und mir halfen, diesen Traum Wirklichkeit werden zu lassen. Ohne euch alle wäre dieses Projekt nicht möglich gewesen.

## Über die Autorin

Tara Theoharis ist die Schöpferin von Geeky Hostess, einer Fandom-inspirierten Rezept- und Party-Webseite, wie auch die Autorin von *The Minecrafter´s Cookbook*. Seit dem Tag, an dem sie als Kind *Cinderella* von Rodgers und Hammerstein live gesehen hat, ist sie ein Musical-Fan. Als die Show *Rent* das erste Mal in den USA auf Tour ging, verpasste sie praktisch keine einzige Vorstellung. Abgesehen von *Cinderella* und *Rent* zählen u. a. *Guys and Dolls, Bye Bye Birdie, Der kleine Horrorladen, Natürlich blond* und *Hamilton* zu ihren Lieblingsstücken. Sie war stolzes Ensemble-Mitglied von Community- und Highschool-Aufführungen von *Joseph and the Amazing Technicolor Dreamcoat, Annie, Brigadoon, Oklahoma!* und *The Pajama Game*, wo sie im Hintergrund stets möglichst leise mit denen mitgesungen hat, die es einfach besser können.

www.paninishop.de



Deutsche Ausgabe erschienen bei Panini Verlags GmbH, Schloßstr. 76, 70176 Stuttgart.

Geschäftsführer: Hermann Paul
Head of Editorial: Jo Löffler
Head of Marketing: Holger Wiest
Projektredaktion: Andreas Kasprzak, Grinning Cat Productions
Übersetzung: Andreas Kasprzak
Lektorat: Thomas Gießl
Satz und Layout: Roberts Urlovskis
Presse und PR: Steffen Volkmer



YDBRKB001
ISBN 978-3-8332-3963-2
1. Auflage, September 2020

Amerikanische Originalausgabe erschienen 2020 bei Insight Editions, San Rafael, Kalifornien.

Herausgeber: Raoul Goff
President: Kate Jerome
Associate Publisher: Vanessa Lopez
Creative Director: Chrissy Kwasnik
VP of Manufacturing: Alix Nicholaeff
Designer: Judy Wiatrek Trum
Editor: Hilary VandenBroek
Editorial Assistant: Anna Wostenberg
Managing Editor: Lauren LePera
Production Editor: Jennifer Bentham
Production Manager: Eden Orlesky

Illustrationen von Neryl Walker
Fotos von Ted Thomas
Food- und Requisitenstyling: Elena P. Craig
Food- und Requisitenstyling, Assistenz: Wesley Anderson

Besonderer Dank an Daliah Neuberger, Orah Neuberger Sholin, Neville Vania,
Megan Sinead Harris und Hilary Thomas.

BUTTER
TONY AWARD
VANILLA
AWARD CERTIFICATE